Gemüse

Toni Mörwald / Herbert Hacker

Gemüse

Die besten Rezepte zum Verwöhnen

lœwenzahn

Auflage:
2014 2013 2012 2011
4 3 2 1

E-Mail: loewenzahn@studienverlag.at
Internet: www.loewenzahn.at

Umschlag- und Buchgestaltung sowie grafische Umsetzung: Eine Augenweide, Judith Eberharter
Fotografien: Manfred Klimek, außer S. 131 r. o., 133 r. u., 140, 141 (außer l. o. u. l. u.), 142–143, 144 (außer l. o.), 145–152, 153 (außer 3. v. o.), 154–156, 158–161 iStockphoto.com, S. 162 Kurt-Michael Westermann (o.) u. Heidi Michel-Debor (u.), S. 144 l. o. Andrea Heistinger, S. 153 3. v. o. fotowerk-aichner.at, S. 157 pixelio.de

Geschirr: Raynaud, Lunes par Anne-Sophie Pic

Gedruckt auf umweltfreundlichem, chlor- und säurefrei gebleichtem Papier.

Bibliografische Information Der Deutschen Bibliothek
Die Deutsche Bibliothek verzeichnet diese Publikation in der Deutschen Nationalbibliografie; detaillierte bibliografische Daten sind im Internet über <http://dnb.ddb.de> abrufbar.
ISBN 978-3-7066-2491-6

Inhalt

Herbst

Winter

Die Gemüsemacher

Gemüse-, Kräuter- und Gewürzlexikon

Vorwort

Gemüse – kaum ein anderes Lebensmittel entspricht unserem heutigen kulinarischen Lifestyle mehr. „Functional food" heißt das Schlagwort der Stunde, das Lebensmittel mit einem spezifischen Zusatznutzen, der über den ernährungsphysiologischen Nutzen der darin enthaltenen Nährstoffe hinausgeht, bezeichnet. Und so wundert es nicht, dass Gemüse als das natürlichste und traditionellste „Functional food" der Welt voll im Trend liegt.

Was kann ich in meinem Körper durch den Genuss von Gemüse alles beeinflussen?
Vitamin B, in Hülsenfrüchten und Nüssen, unterstützt die nervliche Belastbarkeit und wirkt positiv auf Leistungsfähigkeit und Stimmung. Warum also nicht einfach einmal als natürliches Anti-Stress-Mittel ausprobieren?

Auch mit Calcium, dem Tausendsassa unter den Mineralstoffen, bewahrt man einen kühlen Kopf: Denn Calcium stärkt nicht nur Knochen und Zähne, sondern hält darüber hinaus Nerven und Muskeln fit. Dabei steckt Calcium nicht nur in Milchprodukten, sondern zum Beispiel auch in Kohl, Wirsing, Brokkoli und anderen dunkelgrünen Gemüsesorten. Wer also in Zukunft grün statt rot sieht, bei dem ist stresstechnisch alles paletti.

Schmerzhafte Muskelkrämpfe in der Nacht oder häufige Muskelzuckungen an den Augenlidern deuten auf einen Magnesiummangel hin. Magnesium ist der so genannte Anti-Stress-Mineralstoff. Und wo finden wir Magnesium? Ganz natürlich in Gemüse wie Erdäpfeln, Spinat, Erbsen und Sojabohnen.

Die hierzulande typischen Gemüsesorten sind vor allem Kohlsorten wie Kohlsprossen, Karfiol, Rot-, Weiß-, Grünkohl, sowie Wirsing, Brokkoli und Kohlrabi. Diese Gemüsesorten strotzen geradezu vor wichtigen, die Abwehr unterstützenden Vitaminen und Mineralstoffen wie Vitamin C, Eisen, Calcium, Phosphor und Magnesium.

Besonders interessant für alle Anti-Aging-Apostel: Gemüse mit dem „Jung-Effekt" sind voller folgender Nährstoffe: Karotin ist ein wirksamer Radikalfänger, der die Haut- und Zeugungsfunktionen sowie das Wachstum unterstützt und die Risiken für den Körper durch UV-Bestrahlung senkt. Reichlich vorhanden ist es in Karotten, Kürbis, Aprikosen, Grünkohl und Fenchel.

Selen hemmt Oxidationsprozesse in den Zellen und schützt sie so vor Degeneration. Der Mineralstoff steckt vor allem in Hülsenfrüchten.
Polyphenole sind sekundäre Pflanzenstoffe. Sie wirken stark antioxidativ und sind vor allem in Rotwein, dunklen Fruchtsäften oder grünem und schwarzem Tee enthalten. Der Körper kann diese Pflanzenstoffe am besten verwerten, wenn sie ihm über Flüssigkeiten zugeführt werden. Dennoch sind auch viele Gemüsesorten als Polyphenol-Lieferanten geeignet.

Sulfide, die z.B. in Knoblauch oder Zwiebeln enthalten sind, riechen zwar sehr stark, sind aber besonders gut für den Organismus. Sie stärken das Immunsystem und unterstützen den Körper im Kampf gegen Bakterien und Viren. Zudem hemmen sie die Oxidation und schützen so die Zellen vor dem Abbau.
Die antibakterielle Wirkung von Kren und Ingwer kennen wir ja alle von Omas Hausmittelchen bei Halsschmerzen, Fieber und Erkältungskrankheiten.

Also wenn das alles keine schlagenden Argumente für Mörwalds Gemüseküche sind?
Aber der Hauptvorteil der unzähligen Gemüsesorten ist, dass sie einfach gut schmecken, meist leicht zuzubereiten sind und die Gerichte extrem vielfältig sind. Und das Beste daran: Von Gemüse können Sie ohne jegliche quantitative Einschränkung essen!

Während bei allen anderen Lebensmitteln „Abwechslung und Dosierung“ empfehlenswert ist, so gilt beim Gemüse nur „Abwechslung“: Kohlgemüse z.B. weist bei einer sehr hohen Nährstoffdichte eine sehr geringe Energiedichte auf. Durch den hohen Ballaststoff- und Wassergehalt sorgt der Verzehr von Kohl für eine gute, langanhaltende Sättigung bei minimaler Energiemenge. 100 Gramm Kohlgemüse liefern, je nach Sorte, gerade mal zwischen 15 und 40 Kalorien.

Zwei weitere Aspekte möchten wir Ihnen bei Mörwalds Gemüseküche noch ans Herz legen: Rationalität und Saisonalität. Es gibt kaum ein anderes Lebensmittel, wo diese beiden Punkte so zur Qualitätsverbesserung beitragen, wie beim Gemüse. Je frischer Sie das Gemüse in Ihren Topf bzw. auf den Teller bekommen, desto besser. Da lohnt es sich manchmal schon, die Mühen eines kleinen Salatbeets oder einiger Paradeiserstauden im Garten auf sich zu nehmen. Sollte der frische Genuss nicht möglich sein, gibt es aber auch einige hervorragende Methoden zum Konservieren.

Sie sehen, nicht umsonst hat Gemüse in allen großen Weltküchen seit jeher einen bedeutenden Platz.
Wir wünschen Ihnen mit Mörwalds Gemüseküche viel Spaß, viel gutes Gelingen und allzeit einen guten Appetit.
Denn Essenszeit ist Lebenszeit!

Ihr
Toni Mörwald und **Herbert Hacker**

TIPP: *Nicht nur Gemüse hat einiges an Vitalstoffen zu bieten, auch Obst sollte man nicht außer Acht lassen. Deshalb finden Sie neben den vielfältigen Gemüserezepten in diesem Buch auch einige Desserts mit Obst als fruchtiges Finale für Ihre Menüfolge.*

Frühling

Risotto
mit gebratener Radicchio-Brunnenkresse und schwarzer Nuss

ZUTATEN:

Für den Risotto:
3 Schalotten
60 g Butter
400 ml Gemüsefond
150 ml Weißwein
150 g Risottoreis
80 g Parmesan, gerieben
Salz, Pfeffer
Öl zum Braten

Für den Radicchio:
2 Köpfe Radicchio
2 EL Balsamico
40 g Butter
Salz, Pfeffer
1 Zweig Rosmarin

Brunnenkresse
schwarze Nüsse zum Garnieren

ZUBEREITUNG:

Die Schalotten in feine Würfel schneiden und in einem Topf mit Öl farblos anschwitzen. Reis dazugeben, kurz mitrösten und mit Weißwein ablöschen. Köcheln lassen und mit Fond immer wieder aufgießen. Der Reis muss zum Schluss aber noch Biss haben. Mit Butter und Parmesan vollenden, würzen.

Den Radicchio vierteln, waschen und in der Pfanne mit Butter anbraten. Mit Balsamico ablöschen und weichdünsten, Rosmarin hinzugeben und mit Salz und Pfeffer würzen.

Anrichten und mit Kresse und schwarzen Nüssen garnieren.

Bärlauchgnocchi
mit Parmesan und Zitronen-Thymian-Schaum

ZUTATEN:

Für die Gnocchi:
200 g mehlige Erdäpfel
1 Eidotter
120 g Kartoffelstärke
50 g Bärlauchpaste
20 g Butter
20 g Butter, flüssig
Salz, Pfeffer
Muskat
Parmesan zum Darüberreiben

Für den Schaum:
100 ml Hühnerfond
100 ml Obers
30 g Butter
4 Zweige Thymian
2 g Lecithin (Emulgator)
Salz und Pfeffer

ZUBEREITUNG:

Erdäpfel kochen und schälen, pressen und noch im warmen Zustand den Eidotter, die Butter und die Bärlauchpaste dazugeben. Mit Salz, Pfeffer und Muskat würzen und die Stärke einarbeiten. Eine Probe machen, ob die Masse hält, ansonsten eventuell noch Stärke beigeben. Den Teig zu einem dünnen Strang ausrollen und kleine Gnocchi abschneiden, formen und über den Rücken einer Gabel abrollen. In Salzwasser kochen und danach in Butter schwenken.

Für den Schaum den Fond, Obers, Butter und Thymian zum Kochen bringen und mit Salz und Pfeffer abschmecken. Lecithin untermixen, aufschäumen und mit den Gnocchi anrichten. Parmesan darüberreiben.

Zart gegartes Bio-Ei im Glas mit

Löwenzahnsalat

ZUTATEN:

Für das Ei:
4 Bio-Eier
4 TL Olivenöl

4 Stk. Klarsichtfolie 15 x 15 cm
Faden

Für den Salat:
2 Handvoll Löwenzahnblätter
1 EL Marillen-Essig
2 EL Walnussöl
1 TL Zucker
Salz, Pfeffer
Fleur de Sel

ZUBEREITUNG:

Eine Klarsichtfolie über ein Gefäß spannen und eine leichte Vertiefung hineindrücken, ohne dass die Folie reißt. Olivenöl hineingeben, das Ei hineinschlagen, ohne dass es kaputt wird, und danach mit einem Faden gut verschließen. Im Wasserbad ca. 7–8 Minuten bei ca. 80 °C pochieren.

Den Salat waschen, die Spitzen abschneiden, die restlichen Stücke klein schneiden und mit Öl, Essig, Zucker, Salz und Pfeffer marinieren, im Glas anrichten und mit den Spitzen ausgarnieren, das Ei dazugeben und mit etwas Fleur de Sel vollenden.

Flusskrebse
auf Frühlingssalat

ZUTATEN:

- 12 Flusskrebsschwänze
- 50 ml Weißwein
- Saft von 1 roter Paprika
- 2 EL Butter
- 8 Babykarotten
- 4 EL Sauerrahm
- 1 Zitrone, unbehandelt
- Salz, Pfeffer
- 2 Radieschen
- Kresse

ZUBEREITUNG:

Weißwein auf ein Drittel reduzieren, Paprikasaft dazugeben, kurz aufkochen lassen und mit 1 EL Butter montieren. Die Flüssigkeit bei Seite stellen, bis die Temperatur auf etwa 80 °C zurückgegangen ist. Jetzt die Flusskrebse dazugeben und ziehen lassen.

Babykarotten in Salzwasser blanchieren und in Butter schwenken, mit Salz und Pfeffer abschmecken. Sauerrahm mit Zitronensaft und der geriebenen Schale der Zitrone vermengen und mit Salz und Pfeffer abschmecken. Mit Krebsen und Karotten anrichten und mit Kresse und gehobelten Radieschen garnieren.

Gebratener Spargel
mit pochiertem Ei und Sauce Bernaise

ZUTATEN:

Für den Spargel:
16 Stangen grüner Spargel
1 Knoblauchzehe
1 Zweig Thymian
Salz, Pfeffer

Für das Ei:
4 Eier, Größe M
4 TL Olivenöl

4 Stk. Klarsichtfolie 15 x 15 cm
Faden

Für die Bernaise:
2 Schalotten
1 Nelke
1 Lorbeerblatt
70 ml Weißwein
70 ml Spargelfond
4 Eidotter
200 ml geklärte Butter
Salz, Pfeffer
Estragon
Saft von 1/2 Zitrone

ZUBEREITUNG:

Den Spargel an den Enden schälen und in der Pfanne mit wenig Olivenöl anbraten. Knoblauch und Thymian dazugeben, mit Salz und Pfeffer würzen.

Klarsichtfolien über vier Gefäße spannen und eine leichte Vertiefungen hineindrücken, ohne dass die Folien reißen. Olivenöl hineingeben, jeweils ein Ei hineinschlagen, ohne dass es kaputt wird und danach mit einem Faden gut verschließen. Im Wasserbad ca. 7–8 Minuten bei ca. 80 °C pochieren.

Für die Bernaise klein gehackte Schalotten, Nelken, Lorbeerblätter, den Weißwein und den Fond in einen Topf geben und die Flüssigkeit bis auf ein Drittel reduzieren lassen. Danach passieren und mit dem Eidotter in einen Kessel geben. Über Dampf mit einem Schneebesen aufschlagen. Nach und nach die Butter untermengen und weiterhin aufschlagen.

Spargel, Eier und Sauce gemeinsam anrichten.

Gemüsesulz
mit Sauerampfer und Kräuteröl

ZUTATEN:

Für die Sulz:
50 g Karotten, fein gewürfelt
50 g gelbe Rüben, fein gewürfelt
50 g Sellerie, fein gewürfelt
50 g Pastinaken, fein gewürfelt
200 ml Gemüsefond
6 Blatt Gelatine
Salz, Pfeffer
1 TL Liebstöckel
1 TL Schnittlauch
1 EL Essig

Für das Öl:
200 ml Olivenöl
200 g Kräuter (Liebstöckel, Sauerampfer, Petersilie, Kerbel, Pimpernelle, Schnittlauch, Basilikum)
Salz, Pfeffer
Sauerampfer, fein geschnitten als Dekoration

ZUBEREITUNG:

Die Gemüsewürfel blanchieren und in Eiswasser abkühlen. Gelatine in kaltem Wasser einweichen und im Gemüsefond auflösen. Schnittlauch, Liebstöckel, Essig hinzugeben und mit Salz und Pfeffer abschmecken, Gemüsewürfel hinzufügen und das Ganze in eine mit Klarsichtfolie ausgelegte Form füllen.

Kräuter mit dem Öl mixen und durch ein feines Sieb passieren, mit Salz und Pfeffer abschmecken.

Sulz und Kräuteröl zusammen anrichten, mit Sauerampfer dekorieren.

Gewürzlachs
mit Avocado und Thaispargel

ZUTATEN:

1 Lachsfilet
200 g Zucker
300 g Salz
1 EL Pfeffer
1 EL Koriander
1 EL Sternanis
1 EL Wacholder
2 Avocados
1 Bund Thaispargel
2 EL Kaiso-Algen
Limonenöl
Weißweinessig
2 EL Mayonnaise
1 TL Dijonsenf
Zitronensaft
Essig
Salz

ZUBEREITUNG:

Zucker, Salz, Pfeffer, Koriander, Sternanis und Wacholder im Mixer fein mixen. Den Lachs beizen und 24 Stunden rasten lassen. Abwaschen und einfrieren. Mit der Aufschnittmaschine dünn aufschneiden.

Avocados, Thaispargel und Algen mit Limonenöl und Weißweinessig marinieren. Mayonnaise, Dijonsenf, Zitronensaft, Essig und Salz verrühren. Zusammen anrichten.

Grüner Spargel mit Morcheln, feinen Erbsen und Kerbelsabayon

ZUTATEN:

Für den Spargel:
16 Stangen grüner Spargel
2 Weißbrot-Scheiben
Saft von 1 Zitrone
Salz
2 TL Zucker

Für die Morcheln:
12 mittelgroße Morcheln, frisch oder getrocknet
2 Schalotten
30 g Butter
100 ml Kalbsfond
Salz, Pfeffer

Zutaten für die Erbsen:
150 g TK-Erbsen
20 g Butter
Salz, Pfeffer

Zutaten für das Sabayon:
2 Eidotter
100 ml Spargelfond
Salz, Pfeffer
2 TL Kerbel, gehackt

ZUBEREITUNG:

Den Spargel schälen und in Wasser mit Brot, Zitronensaft, Zucker und Salz bissfest kochen.

Die Morcheln mit den Schalotten in der Pfanne anschwitzen und mit dem Kalbsfond ablöschen, reduzieren lassen und mit Butter aufmontieren. Mit Salz und Pfeffer abschmecken.

Die Erbsen blanchieren, aus der Schale brechen, in Butter anschwitzen und würzen.

Eidotter mit Spargelfond über Dampf aufschlagen, bis er fest und luftig ist und mit Salz und Pfeffer abschmecken. Mit Kerbel anrichten.

Spargelgnocchi
mit Butterschaum, Himbeerkernöl und Morchelstaub

ZUTATEN:

4 Stangen weißer Spargel
1 EL Zucker
1 EL Salz
200 g Butter
100 ml Spargelfond
Himbeerkernöl
Salz, Pfeffer
100 g Morcheln

ZUBEREITUNG:

Spargel schälen, mit Zucker und Salz marinieren, eine Stunde lang ziehen lassen, abwaschen, in Stücke schneiden.

Für den Spargel-Butterschaum den Spargelfond erhitzen, Butter einrühren, mit Salz und Pfeffer würzen, in eine iSi-Flasche (Schlagobersflasche) geben und zu einem Schaum aufsprühen.

Morcheln trocknen und in einer Kaffeemühle mahlen. Spargelgnocchi in etwas Spargelschaum erhitzen und alles anrichten.

Weingartenknoblauch
und Crosne mit Bärlauch

ZUTATEN:

150 g Crosne (=Knollenziest, Stachys oder Japanische Kartoffel; ersatzweise Topinamburs)
12 Zehen Weingartenknoblauch
1 Bund Bärlauch
2 Schalotten
125 ml Olivenöl
1 Zweig Thymian
1 Zweig Rosmarin
1 Lorbeerblatt
100 ml Pilzfond
1 EL Butter
1 EL Ahornsirup
Salz, Pfeffer
100 g Buchenpilze

ZUBEREITUNG:

Knoblauchzehen in Ahornsirup weichschmoren. Mit Salz und Pfeffer würzen, beiseite stellen. Olivenöl in einer Pfanne auf ca. 80 °C erhitzen, Lorbeerblatt, Thymian und Rosmarin sowie Buchenpilze dazugeben und eine Stunde konfieren. Crosne in Butter anschwitzen, gehackte Schalotten dazugeben, mit Pilzfond auffüllen und bissfest kochen.

Knoblauch, Crosne und die eingekochten Buchenpilze mischen, erwärmen und mit kalter Butter verfeinern. Anrichten.
Den in der Mikrowelle getrockneten und in der Kaffeemühle gemahlenen Bärlauch über das Gericht streuen.

Palmherzen
mit Hummer und Roten Rüben

ZUTATEN:

2 Hummer à 500 g
200 g Palmherzen, in feine Streifen geschnitten
2 EL Ingwer
200 ml naturtrüben Apfelsaft
Korianderkörner
2 Stk. Zitronengras

Für die Rote-Rüben-Butter:

4 Stangen grüner Spargel
500 ml Rote Rübensaft
Koriander
Ingwer
100 ml Himbeeressig
150 g Butter
Salz
Garten- und Brunnenkresse zum Garnieren

ZUBEREITUNG:

Hummer 5 Minuten in siedendem Wasser ziehen lassen, ausbrechen und in Stücke schneiden. In Butter schwenken und salzen.

Ingwer, Apfelsaft, Korianderkörner und Zitronengras aufkochen lassen und zu den Palmherzen geben. 2 Stunden ziehen lassen.

Für die Rote-Rüben-Butter den Rote-Rüben-Saft mit Ingwer, Koriander und Himbeeressig aufkochen und reduzieren lassen. Die Butter einrühren.

Alles anrichten und mit grünem Spargel und Kresse garnieren.

Rüben und Radieschen
mit Mariazeller Bachsaibling

ZUTATEN:

150 g Leinsamen
300 g Rote Rüben
2 Bund Radieschen, in Scheiben geschnitten
Shiso-Kresse

Für das Dressing:

1 Schalotte
Olivenöl
50 g Essig
200 ml Geflügelfond
2 Stk. Zitronengras
1 Bund Koriander
2 EL Ingwer
Maizena
50 ml Olivenöl
50 ml Haselnussöl

Für die Saiblingsfilets:

4 Stk. Saiblingsfilets à 120–130 g
Olivenöl
Salz

ZUBEREITUNG:

Die Leinsamen mit Wasser bedeckt einweichen, den entstandenen Schleim dünn auf Backpapier aufstreichen und bei 60 °C trocknen. In Stücke brechen. Die Roten Rüben auf Salz bei 160 °C im Rohr weichgaren, schälen und mit einem runden Ausstecher in eine beliebige Form bringen.

Für das Dressing gehackte Schalotte in Olivenöl anschwitzen, mit Essig ablöschen und mit Geflügelfond aufgießen. Zitronengras, Koriander und Ingwer ziehen lassen. Mit Maizena binden und mit Olivenöl und Haselnussöl aufmixen. Mit dem Dressing die Radieschen und die Roten Rüben marinieren.

Die Saiblingsfilets mit Salz würzen und mit Olivenöl bepinseln. Bei 75 °C in Rohr glasig garen. Alles anrichten und mit Kresse garnieren.

Geschmorter Rhabarber
mit Pandan-Eis

ZUTATEN:

Für den Rhabarber:
3 Stangen Rhabarber, geschnitten
200 g TK-Himbeeren
15 g Ingwer
250 g Läuterzucker
5 Stk. schwarze Pfefferkörner
1 Stk. Vanilleschote

Für das Pandan-Eis:
25 Pandan-Blätter (Asia-Shop)
200 ml Milch
100 ml Obers
60 g Zucker
30 g Glukose
3 Eidotter

ZUBEREITUNG:

Rhabarber in eine Bratpfanne setzen. Ingwer in feine Scheiben schneiden und mit den anderen Zutaten auf den Rhabarber legen. Zum Schluss den heißen Läuterzucker darüber gießen und im Ofen bei 160 °C ca. 8–10 Minuten schmoren lassen.

Für das Pandan-Eis Milch und Obers mit Pandan aufkochen. Über Nacht ziehen lassen, danach abseihen und mit Glukose erhitzen. Dotter und Zucker aufschlagen und in Milch einrühren. In die Eismaschine einfüllen und frieren lassen.

Glasierter Spargel
mit Erdbeeren

ZUTATEN:

6 Stk. Spargel
300 ml Wasser
100 g Butter
25 g Zucker
1 EL Zitronensaft
Salz
100 Erdbeeren
25 ml Läuterzucker
20 ml Grand Marnier

ZUBEREITUNG:

Wasser, Butter, Zucker, Zitronensaft und Salz aufkochen lassen und den geschälten Spargel darin weichziehen lassen.

Erdbeeren schneiden und mit Läuterzucker und Grand Marnier marinieren.

Sommer

Lammhuft mit Artischocken und Saubohnen

ZUTATEN:

2 Stk. Lammhuft à 300 g
Öl
Butter
Thymian
Knoblauch
Salz
8 Artischocken, geputzt und in Spalten geschnitten
50 ml Olivenöl
2 Schalotten
2 Knoblauchzehen
100 ml Weißwein
100 ml Noilly Prat
300 ml Geflügelfond
Thymian
Koriander, gemahlen
2–3 EL Butter
100 g Saubohnen, gehackt

ZUBEREITUNG:

Lammhuft salzen, anbraten und mit Butter übergießen. Aromaten dazu geben und bei 160 °C ca. 12 Minuten garen und rasten lassen. In Stücke schneiden.

Die Schalotten und den Knoblauch in Olivenöl anschwitzen, mit Weißwein und Noilly Prat ablöschen und reduzieren lassen. Mit Geflügelfond aufgießen. Die Artischocken dazugeben und weichkochen lassen. Mit Thymian und Koriander würzen. Mit Butter binden und mit den Saubohnen abschmecken.

Tausendundeine Nacht –
Erotische Suppe mit Jakobsmuscheln

ZUTATEN:

Für die Suppe:
4 Fenchelknollen
3 Zwiebeln
2 Stangen Zitronengras
2 Chilischoten
Saft von 2 Orangen
Saft von 1 Limette
500 ml Hühnerfond
200 ml Weißwein
150 ml Obers
80 g Butter
Salz, Pfeffer, Curry, Kreuzkümmel, Piment, Ingwer, Kardamon, Kurkuma, Knoblauch

Für die Muscheln:
4 Stk. Jakobsmuscheln
1 Zweig Zitronenthymian
1 Knoblauchzehe
2 EL Butter
1 EL Olivenöl

ZUBEREITUNG:

Den Fenchel und die Zwiebeln klein schneiden und in Öl farblos anschwitzen, mit Weißwein ablöschen und mit Hühnerfond aufgießen. Zitronengras, Chili, Orangensaft und Limettensaft beigeben und ca. 15 Minuten köcheln lassen.

Danach die Gewürze beigeben und für weitere 10 Minuten köcheln lassen, mixen und passieren und mit Obers und Butter aufmontieren. Mit Salz und Pfeffer abschmecken.

Die Muscheln in der Pfanne links und rechts anbraten, Thymian, Knoblauch und Butter dazugeben und immer wieder mit der Butter übergießen. Mit der Suppe anrichten.

Artischocken

Artischockensalat. Artischockenchips. Artischockenpüree. Artischockenemulsion

ZUTATEN:

4 Artischocken
Saft von 1 Zitrone
Thymian
Weißwein
Noilly Prat
Knoblauch
Gemüsefond
5 Schalotten
3 Petersilienstängel
Olivenöl
Salz, Pfeffer
Kresse zum Garnieren

ZUBEREITUNG:

Artischocken putzen. Drei Artischocken achteln und in Olivenöl mit Knoblauch und Schalotten anschwitzen, mit Weißwein und Noilly Prat ablöschen. Die restlichen Zutaten dazugeben, mit Gemüsefond auffüllen und weichschmoren.

Eine Artischocke in dünne Scheiben schneiden, knusprig frittieren. Ein Drittel der geschmorten Artischocken mit 3 EL Olivenöl und 3 EL des entstandenen Fonds pürieren. Die restlichen Artischocken abseihen, den Fond auf die Hälfte reduzieren, mit Olivenöl eine Emulsion herstellen. Anrichten und mit Kresse garnieren.

Gartengurke und Physalis mit Wacholder

ZUTATEN:

Tomatenkerngehäuse von 6 Tomaten
1 Tasse Physalis, halbiert
1 Gurke
2 EL Crème fraîche
Gurkenessig
Salz
200 ml Gurkensaft
100 ml Ginger Ale
1–2 Wacholderbeeren
1 TL Lecithin
Gartenkräuter oder Basilikumkresse

ZUBEREITUNG:

Die Gurke schälen, in feine Streifen schneiden mit Crème fraîche, Gurkenessig und Salz marinieren. Mit den Tomaten und Physalis anrichten.

Zuletzt Gurkensaft, Ginger Ale, Wacholderbeeren und Lecithin mixen, kurz stehen lassen und den Schaum abschöpfen und zum Anrichten verwenden. Mit Gartenkräutern oder Basilikumkresse garnieren.

Gebackener Karfiol
mit Vogerlsalat und Frisée

ZUTATEN:

Für den Karfiol:
16 kleine Karfiolröschen
Salz
1 Zitrone

Für die Panade:
3 Eier
100 g Mehl
150 g Panko Flakes
(japanisches Paniermehl)
Salz, Pfeffer
Butterschmalz

Für den Salat:
1 Frisée
200 g Vogerlsalat
2 EL Walnussöl
1 EL Marillen-Essig
1TL Zucker
Salz, Pfeffer
8 Zitronenfilets

ZUBEREITUNG:

Den Karfiol in Salzwasser bissfest blanchieren, herausnehmen und mit Zitronensaft marinieren.

Den Karfiol würzen, panieren und in heißem Butterschmalz goldgelb herausbacken.

Den Salat waschen und mit Essig, Öl, Zucker, Salz und Pfeffer marinieren und dekorativ zwischen den gebackenen Karfiol geben. Mit Zitronenfilets garnieren.

Gefüllte Zucchini-Blüte
im Backteig mit Ratatouille auf Paprikasauce

ZUTATEN:

Für die Zucchini-Blüten:
8 Zucchini-Blüten
80 g Mehl
80 g Speisestärke
1 Ei
200 ml Weißwein
1 EL Olivenöl
Salz, Pfeffer
Fett zum Backen

Für die Sauce:
2 Stk. Spitzpaprika
1 Zwiebel, in Würfel geschnitten
150 ml Obers
150 ml Gemüsefond
80 g Butter
50 ml Weißwein
Salz, Pfeffer

Für das Ratatouille:
1 Melanzani
1 Zucchini
1/2 gelber Paprika
1/2 roter Paprika
3 Tomaten
Öl zum Braten
Salz, Pfeffer
Thymian
Rosmarin
Petersilie

ZUBEREITUNG:

Die Zutaten für den Teig in eine Schüssel geben und vermengen.

Die Paprika in Würfel schneiden und gemeinsam mit den Zwiebeln anschwitzen. Mit Weißwein ablöschen und mit Gemüsefond sowie Obers aufgießen. Mixen und passieren, würzen und mit Butter montieren.

Melanzani, Paprika, Tomaten und Zucchini in feine Würfel schneiden und in der Pfanne mit wenig Öl anbraten, mit den Gewürzen abschmecken und damit die Zucchini-Blüten füllen.

Die Blüten durch den Backteig ziehen und im Fett bei 160 °C goldgelb ausbacken, mit der Sauce und dem restlichen Ratatouille anrichten.

Gegrillte Zucchini-Rolle

mit Oliven, Bärlauch-Olivenöl und Pesto

ZUTATEN:

Für die Zucchini:
2 mittelgroße Zucchini
12 Oliven, schwarz und kernlos
Salz, Pfeffer
1 Knoblauchzehe
1 Rosmarinzweig

Für das Pesto:
200 g Bärlauch
80 g Pinienkerne
50 g Parmesan
100 ml Olivenöl
Salz

Für das Bärlauch-Öl:
200 g Bärlauch
150 g Olivenöl
Salz, Pfeffer

ZUBEREITUNG:

Die Zucchini der Länge nach in ca. 2 mm dünne Scheiben schneiden und blanchieren, zu einer Rolle Formen und auf einen Holzspieß stecken. In einer Grillpfanne links und rechts anbraten, Knoblauch, Oliven und Rosmarin beigeben und würzen.

Für das Pesto Pinienkerne kurz in einer Pfanne anrösten. Den Bärlauch blanchieren und in einen Mixer mit den Pinienkernen mixen. Nach und nach Öl und Parmesan aufschichten und würzen.

Für das Öl den Bärlauch mit Öl mixen, würzen und durch ein Etamin (Seihtuch) oder feines Sieb passieren. Zucchini zusammen mit den Ölen anrichten.

Karfiol mit Butterbröseln und geriebenem Ei

ZUTATEN:

Für den Karfiol:
16 Stk. kleine Karfiolröschen
Salz
1 Zitrone
50 g Butter

Für die Brösel:
50 g Brösel
100 g Butter
1 TL Petersilie, gehackt
Kreuzkümmel
Salz, Pfeffer
Cayennepfeffer

4 Eier, hartgekocht
Schnittlauch

ZUBEREITUNG:

Den Karfiol im gesalzenen Wasser blanchieren, aber nur so lange, bis er noch bissfest ist. Herausnehmen und in Eiswasser abschrecken, in Zitronensaft und Butter schwenken.

Für die Brösel alle Zutaten vermengen und kurz aufkochen lassen, über den Karfiol geben.

Ei mit einer Microplane-Reibe darüberreiben, mit etwas frischen Schnittlauch vollenden.

Pikante Krautfleckerl
mit Spitzpaprikasauce

ZUTATEN:

Für die Fleckerl:
250 g Mehl
8 Eidotter
1 Ei
1 TL Butter
2 TL Öl
Salz

Für das Kraut:
1/2 Weißkrautkopf
2 Zwiebeln
1 Chilischote
2 TL Petersilie, gehackt
1 TL Thymian
100 ml Honig
150 ml Gemüsefond
50 g Butter
Salz, Pfeffer
Kümmel zum Abschmecken

Für die Sauce:
2 Spitzpaprika
1 Zwiebel, in Würfel geschnitten
150 ml Obers
150 ml Gemüsefond
80 g Butter
50 ml Weißwein
Salz, Pfeffer

ZUBEREITUNG:

Aus den Zutaten für die Fleckerl einen Teig herstellen, dünn ausrollen und in Fleckerl schneiden.

Das Kraut in 1 cm große Würfel schneiden. Dann in einem Topf den Honig karamellisieren lassen, Kraut dazugeben und mit Fond weichdünsten. Chili hinzugeben, mit Salz, Pfeffer, Kümmel und Thymian abschmecken und mit Petersilie und Butter vollenden.

Die Paprika in Würfel schneiden und gemeinsam mit den Zwiebeln anschwitzen. Mit Weißwein ablöschen, mit Gemüsefond und Obers aufgießen, mixen und passieren, würzen und mit Butter montieren.

Liptauer
mit Butterperlen

ZUTATEN:

Für den Liptauer:
150 g Topfen, passiert
1/2 roter Paprika
1 EL Paprikapulver
1 TL Petersilie, gehackt
50 g Sauerrahm
Salz, Pfeffer
Muskat
100 g Butter

Für die Perlen:
200 g Butter
Salz
Kresse zum Garnieren

ZUBEREITUNG:

Butter schaumig rühren, Paprika in feine Würfel schneiden und mit Topfen, Petersilie, Sauerrahm, Paprikapulver vermischen und mit Salz, Pfeffer und Muskat abschmecken.

Aus der Butter mit einem Pariserlöffel oder einem Teelöffel Perlen ausstechen und mit etwas Salz bestreuen.

Den Liptauer am Teller anrichten und mit Butterperlen und Kresse garnieren.

Mangold-Ravioli
mit Ricotta und geschmorten Mini-Auberginen

ZUTATEN:

Für den Nudelteig:
250 g Nudelgrieß oder griffiges Mehl
4 Eier
4 Eidotter
Olivenöl

Für die Fülle:
2 EL Brotcroutons
100 g Mangold, blanchiert
2 EL braune Butter
50 g Ricotta

Für den Ricottaschaum:
100 ml Weißwein
200 ml Geflügelfond
100 g Ricotta
50 g Butter
Cayennepfeffer
Salz, Pfeffer

Für die Auberginen:
8 Mini-Auberginen
100 ml Olivenöl
Thymian
Knoblauch
Salz
Mangoldblätter zum Garnieren

ZUBEREITUNG:

Nudelgrieß, Eier und Olivenöl zu einem glatten Teig verarbeiten.

Für die Fülle alle Zutaten verrühren und abschmecken. Danach den Teig dünn ausrollen, die Fülle daraufgeben und Ravioli ausstechen, gut andrücken! In Salzwasser kochen und in etwas Butter schwenken.

Den Weißwein reduzieren lassen und mit dem Geflügelfond aufgießen. Ricotta und Butter dazugeben, mixen und passieren. Mit Cayennepfeffer und Salz würzen. Aufschäumen.

Die Auberginen schälen und in Olivenöl mit den Aromaten konfieren. Mit Mangoldblättern garnieren.

Tomaten-Fenchel-Essenz

ZUTATEN:

- 500 g Cherry-Tomaten
- 500 g bunte Tomaten
- 50 g Olivenöl
- 1 Knoblauchzehe
- 2 EL Fenchelsamen
- 1 Bund Estragon
- 1 Bund Basilikum
- Fleur de Sel
- Zucker

ZUBEREITUNG:

Die Tomaten grob schneiden. Alle Zutaten marinieren und bei geringer Hitze ziehen lassen, bis sich die Flüssigkeit absetzt.

Passt gut zu hellem Fleisch und Fisch.

Spitzpaprika-Perlgraupen-Zitrus-Harissa

mit Kefirlimettencreme

ZUTATEN:

4 Spitzpaprika
100 g Perlgraupen
2 Schalotten
1 KL Schnittlauch, geschnitten
10 rote Paprika
2 EL Sauerrahm
1 EL Crème fraîche
1 EL Sonnenblumenöl
1 Zweig Zitronenthymian
Saft und Zeste von 1/2 Kefirlimette
Salz, Pfeffer
Olivenöl

ZUBEREITUNG:

Spitzpaprika in Olivenöl konfieren, Haut abziehen. Perlgraupen weichkochen, abseihen, mit gehackter Schalotte, Schnittlauch und Olivenöl marinieren. Mit Salz und Pfeffer abschmecken. Die Spitzpaprika damit füllen und portionieren.

Die roten Paprika entsaften, die Flüssigkeit aufkochen und reduzieren. Zitronenthymian beigeben, ein Esslöffel Olivenöl einrühren. Sauerrahm, Crème fraîche und Sonnenblumenöl mit einem Esslöffel Kefirlimettensaft und der Zeste glattrühren. Abschmecken und anrichten.

Spitzpaprika
mit Paprikaessenz

ZUTATEN:

4 Spitzpaprika, geflämmt und gehäutet
3 rote und gelbe Paprika
2 EL Liebstöckel

Für den Verjusschaum:

100 ml Verjus
100 ml Apfelsaft
1 Msp. Lecithin

Für die Essenz:

10 rote Paprika

ZUBEREITUNG:

Die Spitzpaprika mit kochendem Wasser überbrühen und schälen. Je drei rote und gelbe Paprika in Würfel schneiden und schmoren. Liebstöckel in feine Streifen schneiden. Die Spitzpaprika mit den Paprikawürfel und Liebstöckel füllen und bei 100 °C warm stellen.

Für den Verjusschaum alle Zutaten mixen und aufschäumen.

Für die Essenz rote Paprika entsaften, den Saft kurz aufkochen und reduzieren lassen. Durch ein Mikrosieb passieren. Alles anrichten.

Tomatensuppe mit Junglauch und feinem Sonnenblumenöl

ZUTATEN:

Für die Suppe:
8 reife, mittelgroße Fleischtomaten
2 Zwiebeln
2 EL Basilikum, geschnitten
1 EL Knoblauch
1 EL Zucker
100 ml Weißwein
20 ml Aceto Balsamico
400 ml Gemüsefond
60 g Crème fraîche
50 g Butter
2 EL Tomatenmark
4 Stangen Junglauch, fein geschnitten
4 EL Sonnenblumenöl
Salz, Pfeffer
Öl zum Braten

ZUBEREITUNG:

Die Zwiebeln in Würfel schneiden und in einem Topf mit Öl farblos anschwitzen, die Tomaten ebenfalls in Würfel schneiden und zusammen mit den Zwiebeln schmorren.

Tomatenmark, Knoblauch und Zucker dazu geben, mit Weißwein ablöschen und mit Fond aufgießen. Mixen und passieren, mit Balsamico, Salz und Pfeffer abschmecken und mit Butter und Crème fraîche aufmontieren.

Den Lauch blanchieren und in die Suppe geben, Sonnenblumenöl darübergeben.

Tomaten
mit Gurken-Wasabi-Sorbet

ZUTATEN:

Für das Gurken-Wasabi-Sorbet:
1 l Gurkensaft
100 g Glukose
10 g Zucker
30 g Wasser
20 g Honig
5 g Wasabi

Für den Salat:
4 kleine San Marzano Tomaten
1/2 rote Zwiebel
1 EL Olivenöl
Friséesalat
weißer Balsamico
Salz, Pfeffer
Zucker

ZUBEREITUNG:

Für das Sorbet Glukose, Zucker, Wasser und Honig aufkochen. Mit Wasabi und Gurkensaft vermischen und in der Eismaschine gefrieren lassen.

Zwiebel klein schneiden, Tomaten halbieren, mit Öl, Balsamico, Salz, Pfeffer, Zucker und Salat vermischen.

Salat und Sorbet gemeinsam anrichten.

Auflauf von der Schokolade
mit pochiertem Rhabarber und Himbeersorbet

ZUTATEN:

Für das Sorbet:
- 400 g Himbeeren
- 100 g Zucker
- 50 g Glukose
- 1 Blatt Gelatine

Für den Schokoladenauflauf:
- 4 Eier
- 130 g Zucker
- 100 g Mehl
- 150 g Schokolade
- 150 g Butter

Für den Rhabarber:
- 200 g Rhabarber
- 100 g Zucker
- Saft von 3 Zitronen

ZUBEREITUNG:

Für das Sorbet Himbeeren mit Zucker aufkochen lassen, Glukose dazugeben und die eingeweichte Gelatine einrühren, mixen, passieren und in Pacojet-Becher abfüllen. Man kann das Sorbet natürlich auch in der Eismaschine herstellen.

Für den Schokoladenauflauf Eier und Zucker aufschlagen. Butter erhitzen, über die Schokolade gießen und verrühren. Schokoladenmasse mit Mehl unter das geschlagene Ei heben. In Formen gießen und bei 180 °C 10 Minuten backen.

Rhabarber, Zucker und Zitronensaft vermengen und im Ofen bei 80 °C abgedeckt pochieren.

Alles zusammen anrichten.

Waldbeerenconsommé

mit Waldmeister und Sauerrahmeis

ZUTATEN:

Für die Consommé:

200 g Himbeeren
200 g Heidelbeeren
200 g Brombeeren
150 g Kristallzucker
Saft von 1 Zitrone
1 Stange Zitronengras
2 TL Waldmeister
3 g Xanthan (natürliches Verdickungs- und Geliermittel, Bio-Shop)

Für das Eis:

500 ml Sauerrahm
6 Eidotter
1 Blatt Gelatine
120 g Zucker
50 g Glukose

ZUBEREITUNG:

Den Großteil der Beeren mixen (einige zum Anrichten aufbewahren), mit Zitronensaft, Zucker und Zitronengras versetzen und in ein Etamintuch (Seihtuch) geben. Über Nacht an einem kühlen Ort abhängen lassen und den Saft auffangen, mit Xanthan abbinden und den Waldmeister dazugeben.

Die Eier mit dem Zucker über einem Wasserbad bis zur Rose aufschlagen und wieder kalt schlagen. Gelatine im kalten Wasser einweichen und mit Glukose bei niedriger Temperatur flüssig machen. Danach unter die Ei-Masse geben, Sauerrahm beigeben und in Pacojet-Becher füllen. Einfrieren und nach 24 Stunden pacossieren oder die Masse in eine Eismaschine geben.

Consommé mit ganzen Beeren und Eis anrichten.

Schwarzbeergelee
mit Nussbrotchips, Pinocchio Leaves und Fourme d‘ Ambert

ZUTATEN:

Für das Schwarzbeergelee:
100 g Schwarzbeerpüree
2 Blatt Gelatine
50 g Obers
25 g Zucker

100 g Fourme d’ Ambert
5 ml Süßwein
Pinocchio Leaves
frische Schwarzbeeren
Nussbrotchips

ZUBEREITUNG:

Obers und Zucker erhitzen und die Gelatine darin auflösen. Schwarzbeerpüree unterrühren und auf einem Blech 7 mm hoch aufgießen.

Fourme d‘ Ambert in Stücke brechen und mit dem Süßwein beträufeln. Mit Pinocchio Leaves, frischen Schwarzbeeren und Nussbrotchips garnieren.

Herbst

Buchenpilze
mit Weinbergschnecken

ZUTATEN:	ZUBEREITUNG:
200 g Buchenpilze 500 g Weinbergschneckenfleisch Traubenkernöl 100 g Knochenmark Räuchermehl Salz, Pfeffer 1 Schalotte Haselnussstaub 100 ml Haselnussöl 50 g Maltodextrin 1 EL Ahornsirup 50 ml Pilzfond Waldmoos	Knochenmark kalt räuchern, in Würfel schneiden. Buchenpilze und Weinbergschneckenfleisch in Traubenkernöl eine Stunde bei 70 °C konfieren. Danach abseihen. Haselnussstaub, Haselnussöl und Maltodextrin verrühren. Schalotte klein hacken. Knochenmark und Buchenpilze mit gehackter Schalotte erwärmen, Ahornsirup und Pilzfond beigeben, mit Haselnussstaub, Weinbergschnecken und Moos anrichten.

Geschmorte Perlzwiebeln

mit Jungmais-Sauce und zart gegarter Perlhuhnbrust

ZUTATEN:

Für die Zwiebeln:
- 300 g Perlzwiebeln
- 50 ml Kalbsjus (oder Kalbsfond)
- 30 g Honig
- 200 ml Gemüsefond
- 50 g Butter
- 1 Zweig Rosmarin
- Salz, Pfeffer

Für die Sauce:
- 4 Kolben Mais oder Dosenmais
- 4 Schalotten
- 50 g Butter
- Salz, Pfeffer

Für das Huhn:
- 4 Bruststücke vom Perlhuhn
- 2 EL Butter
- 1 Knoblauchzehe
- 1 Zweig Rosmarin
- Öl zum Braten
- Salz, Pfeffer

ZUBEREITUNG:

Zwiebeln schälen und in der Pfanne farblos anschwitzen. Honig, Rosmarin, Salz und Pfeffer hinzugeben, karamellisieren lassen und mit Gemüsefond ablöschen. Bis auf ein Drittel die Flüssigkeit reduzieren lassen und dann mit Jus und Butter aufmontieren. Die Sauce abseihen und in einen Topf geben.

Den Mais vom Kolben schneiden und mit fein gehackten Schalotten anschwitzen, mit der Sauce aufgießen, weichdünsten und mit Salz und Pfeffer abschmecken. Mit Butter montieren.

Die Hühnerstücke parieren, mit Salz und Pfeffer würzen, in der Pfanne mit wenig Öl auf allen Seiten scharf anbraten. Knoblauch und Rosmarin hinzugeben und für ca. 15 Minuten in den vorgeheizten Backofen bei 160 °C geben. Herausnehmen und mit Butter übergießen. Die Hühnerstücke in Tranchen schneiden und auf den Zwiebeln anrichten. Mit der Maissauce vollenden.

Erdäpfel-Endivien-Salat

ZUTATEN:

Für den Erdäpfelsalat:
500 g speckige Erdäpfel
1 EL Senf
200 ml Suppe
1 Zwiebel
2 EL Öl
2–3 EL Essig (Hesperiden- oder Apfelessig)
Pfeffer
je 1 Prise Zucker und Salz
1 kleiner Bund Schnittlauch

1 Endivie
1 Süßkartoffel

ZUBEREITUNG:

Für den Erdäpfelsalat die Erdäpfel mit Schale ca. 20 Minuten kochen lassen, bis sie durch sind. 10 Minuten zugedeckt ziehen lassen. Die Marinade aus Suppe, klein geschnittenen Zwiebeln, Essig und Öl zubereiten. Die Erdäpfel mit kaltem Wasser abschrecken, schälen und noch warm in kleinen Stücken in die Marinade schneiden. Würzen, klein gehackten Schnittlauch dazugeben und zugedeckt kalt werden lassen.

Endivie fein schneiden. Die Süßkartoffel in dünne Scheiben schneiden und kurz blanchieren. Endivien mit Essig und Öl marinieren und in die leicht eingesalzenen Süßkartoffelscheiben einrollen. Die Röllchen auf dem Erdäpfelsalat anrichten.

Kürbis-Gulasch
mit Paprika-Junglauch und Chili

ZUTATEN:

Für den Saft:
5 Zwiebeln
1 EL Paprikapulver
1 EL Tomatenmark
1 EL Ingwer, gerieben
300 ml Gemüsefond
Lorbeerblätter
Kümmel
Salz, Pfeffer

Für die Einlage:
300 g Kürbiswürfel 3 x 3 cm
1 grüner Paprika
1 gelber Paprika
1 roter Paprika
2 Chilischoten
4 Stangen Junglauch

ZUBEREITUNG:

Die Zwiebeln grob schneiden und in einem Topf leicht anschwitzen. Ingwer, Tomatenmark und Paprikapulver hinzugeben und kurz mitrösten. Mit Fond aufgießen, Lorbeer und Kümmel hinzugeben und ca. 45 Minuten köcheln lassen. Danach mixen und passieren.

Paprika in Würfel schneiden. Lauch waschen und in feine Streifen schneiden, ebenso die Chilis.

Den Kürbis und die Paprika zum Saft geben und weichkochen lassen. Lauch und Chilis dazugeben und abschmecken.

Urkarotte
mit Apfel

ZUTATEN:

2 Urkarotten
2 Äpfel (Gala)

Für die Marinade:
50 ml Apfelessig
150 ml Apfelsaft
2 EL Estragonsenf
100 ml Sonnenblumenöl
Salz, Zucker

Für das Öl:
200 ml Olivenöl
200 g Kräuter (Liebstöckel, Sauerampfer, Petersilie, Kerbel, Pimpernelle, Schnittlauch, Basilikum)
Salz

Friséesalat zum Garnieren

ZUBEREITUNG:

Äpfel in kleine Würfel schneiden, die Zutaten für die Marinade mixen und mit Salz abschmecken.

Zwei Urkarotten der Länge nach ganz dünn aufschneiden. Den Apfelsalat draufgeben und einrollen.

Mit Salat und Kräuteröl garnieren.

Schwammerl Gangerl

ZUTATEN:

300 g Topinamburs
2 EL Butter
Salz
150 g Geflügelfond
50 g Obers
300 g Pilze nach Saison
etwas Butter
250 g Consommé
200 g Pilzabschnitte
Thymian

ZUBEREITUNG:

Topinamburs in feine Scheiben schneiden, in Butter glasieren und salzen. Mit Geflügelfond aufgießen und weichkochen lassen. Das Obers am Schluss dazugeben und mixen. Abschmecken.

Die Pilze in Butter schwenken und salzen. Consommé mit Pilzabschnitten und Thymian aufkochen lassen. Danach ziehen lassen und passieren.

Alles zusammen anrichten.

Kukuruz

und Rüben mit Entenbrust

ZUTATEN:

Für die Entenbrust:
4 Stk. Entenbrust
20 ml Maiskeimöl
2 EL Butter
Salz
je 1 Zweig Thymian und Rosmarin

Für die Maiscreme:
3 EL Butter
250 g Mais
250 g Geflügelfond
100 g Obers
1 EL Ingwer
1 Msp. Raz el Hanout (nordafrikanische Gewürzmischung)

2 Rote Rüben, gekocht und ausgestochen
8 Stk. Mini-Mais, gekocht
Shiso-Kresse
Popcorn

ZUBEREITUNG:

Die Entenbrüste salzen und im heißem Öl anbraten, bei 150 °C ca. 8–10 Minuten im Rohr garen. In brauner Butter mit Thymian und Rosmarin kurz in der Pfanne schwenken.

Für die Maiscreme Mais in Butter kurz glasieren und mit Geflügelfond aufgießen. Ingwer und Raz el Hanout beigeben und kurz kochen lassen. Zum Schluss das Obers dazugeben und mixen. Die Creme wird noch passiert und abgeschmeckt.

Die Maiscreme mit einer Spachtel auf den Teller auftragen und auf dieser Fläche anrichten. Mit den gekochten und ausgestochenen Roten Rüben, Mini-Mais, Kresse und Popcorn garnieren.

Gefüllte Cannelloni
mit Erdäpfeln, Kräutern und eingelegten Perlzwiebeln

ZUTATEN:

Für den Cannelloni-Teig:
- 250 g Mehl
- 8 Eidotter
- 1 Ei
- 1 TL Butter
- 2 TL Öl
- Salz

Für die Fülle:
- 200 g mehlige Erdäpfel
- 4 TL Kräuter, fein gehackt (Petersilie, Schnittlauch, Liebstöckel, Rosmarin, Thymian, Kerbel, Sauerampfer)
- 50 g Butter
- Salz, Pfeffer
- Muskat

Für die Zwiebeln:
- 16 Stk. Perlzwiebeln
- 100 ml Rote Rübensaft
- 1 Zweig Thymian
- Salz
- Butter
- Öl
- etwas Zitronensaft

ZUBEREITUNG:

Aus den Zutaten für die Cannelloni einen Teig herstellen, dünn ausrollen und in 6 x 6 cm große Stücke schneiden. Daraus die Cannelloni röhrenförmig formen und in Salzwasser ca. 4 Minuten kochen, danach in Eiswasser abschrecken.

Die Erdäpfel schälen, weichkochen, pressen und die restlichen Zutaten hinzufügen. Abschmecken und in einen Dressiersack geben. Die Erdäpfelmasse in die Cannelloni füllen.

Die Zwiebeln schälen und in Butter und Öl farblos anschwitzen, mit Rübensaft ablöschen, Thymian hinzugeben und weichdünsten. Mit Salz und Zitronensaft abschmecken. Die Zwiebeln aus dem Saft geben, halbieren und auffächern.

Die Cannelloni in etwas Butter anschwitzen und mit den Zwiebeln und etwas Kresse anrichten.

Fenchel
und Pernod

ZUTATEN:

- 4 Stk. Fenchel, halbiert
- 2 EL Pernod
- 200 ml Geflügelfond
- Salz
- Thymian
- Olivenöl
- 250 g Orangensaft
- 250 g Fenchelsaft
- 4 EL Olivenöl
- 1 EL Basilikumsamen, eingeweicht
- 1 EL Fingerlimetten, ausgelöst
- Lecithin
- 8 Blutorangenfilets
- Kresse

ZUBEREITUNG:

Die Fenchelhälften mit Pernod, Geflügelfond, Thymian, Olivenöl und Salz in einen Vakuumierbeutel geben und vakuumieren. Bei 85 °C im Wasserbad ca. 30 Minuten garen lassen (alternativ in einem Schmortopf bei 160 °C ca. 20 Minuten im Rohr garen). Danach in Filets schneiden.

Orangensaft und Fenchelsaft auf 150 ml reduzieren lassen. Mit Olivenöl montieren, Basilikumsamen und Fingerlimetten beigeben. Die entstandene Schmorflüssigkeit vom Fenchel garen und mit etwas Lecithin aufschäumen. Mit Blutorangenfilets und Kresse garnieren.

Taube
mit Sellerie, Mohnöl und Cranberrys

ZUTATEN:

4 Taubenbrüste
250 ml Mohnöl
Salz
1 EL Butter
3 Sellerie, geschält
1 EL Butter
ca. 150 ml Geflügelfond
Obers
Cranberrys
Pilze nach Saison

ZUBEREITUNG:

Taubenbrüste im Mohnöl (in einem kleinen Topf mit Thermometer auf konstant 65 °C erhitzt) ca. 8 Minuten garen. Salzen und in brauner Butter schwenken und aufschneiden.

Den Sellerie 2 mm dick mit Hilfe einer Aufschnittmaschine aufschneiden, anschließend 5 x 5 cm Quadrate schneiden und in Salzwasser blanchieren. Die Sellerieabschnitte klein schneiden, in etwas Butter glasieren, mit Fond aufgießen (leicht bedeckt) und weichkochen. Am Schluss Obers daruntermixen und passieren.

Die Sellerie-Blätter mit Selleriepüree (mit Hilfe eines Dressiersackes) füllen und eindrehen. 2 Minuten kurz dämpfen oder bei 100 °C erwärmen.

Alles mit Pilzen und Cranberrys anrichten.

Bronzefenchel
mit Nougat, Pistazie und Brombeeren

ZUTATEN:

1 Stk. Bronzefenchel
1 Limette
15 g Läuterzucker

Für das Fencheleis:
200 ml Milch
75 ml Obers
3 g Fenchelsamen
30 g Glukose
50 g Nougat
4 Eidotter
35 g Zucker

Für das Brombeerpüree:
400 g Brombeerpüree
6 g Pektin
100 g Zucker

Für das Pistazienbiskuit:
100 g Pistazienpüree
4 Eier
40 g Zucker
20 g Mehl

Pistazien, Brombeeren und gehobelte Schokolade zum Garnieren
Zucker zum Karamellisieren

ZUBEREITUNG:

Fenchel in Scheiben schneiden und mit Limettensaft und Läuterzucker marinieren.

Für das Fencheleis Milch und Obers mit den Fenchelsamen aufkochen und 3 Stunden ziehen lassen. Eidotter und Zucker aufschlagen. Fenchelmilch und Glukose aufkochen und über das Nougat gießen. Auflösen lassen. Eidotter unterrühren. In die Eismaschine einfüllen und frieren lassen.

Brombeerpüree mit Zucker und Pektin kurz aufkochen und kalt stellen.

Für das Biskuit Eier und Zucker aufschlagen, Mehl und Pistazienpüree unterheben und auf ein Blech streichen. Bei 160 °C 5 Minuten backen.

Fenchel, Fencheleis und Biskuit mit Brombeerpüree anrichten, mit karamellisierten Pistazien, Brombeeren und gehobelter Schokolade garnieren.

Apfelstrudel „deconstructed“
mit Rum-Eis

ZUTATEN:

Für den Strudel:
400 g Golden Delicious Äpfel
70 g Kristallzucker
Rum
4 Blatt Gelatine
3 g Xanthan (natürliches Verdickungs- und Geliermittel, erhältlich in Bio-Shops)
60 g süße Brösel
20 g Rosinen
16 Strudelblätter 5 x 5 cm
Staubzucker zum Bestreuen
Zimt
4 Eier

Für das Eis:
250 ml Obers
250 ml Milch
60 g Zucker
2 Eidotter
3 Eier
4 cl Inländer-Rum
1 Blatt Gelatine

ZUBEREITUNG:

Die Äpfel schälen und entkernen in ca. 5 x 5 mm Würfel schneiden, Zucker und Brösel dazugeben und vermengen. Gelatine einweichen und zusammen mit etwas Rum schmelzen lassen. Xanthan einmixen und unter die Apfelmasse geben, Rosinen und Zimt dazugeben und vermengen. Eier daruntermischen. Auf ein Blech geben und im Ofen bei 140 °C 35 Minuten backen, danach kalt stellen und in 4 x 4 cm große Würfel scheiden.

Die Strudelblätter mit Staubzucker und Zimt bestreuen und im Ofen bei 180 °C ca. 7 Minuten backen. Abwechselnd Strudel und Äpfel übereinander stapeln, bis es vier Schichten sind.

Für das Eis die Eier und den Zucker über Dampf bis zur Rose auf- und danach kalt schlagen. Milch und Obers mit Rum aufkochen lassen und unter die Eimasse rühren. Eingeweichte Gelatine dazugeben und in Pacojet-Becher einfüllen (oder in einer Eismaschine fertigstellen).

Winter

Gelbe Rüben und Karotten-Nudeln

mit weißer Champignon-Sauce

ZUTATEN:

Für die Nudeln:
4 gelbe Rüben
4 Karotten
50 g Butter
Salz, Pfeffer

Für die Sauce:
200 g Champignons
1 Zwiebel
1 Knoblauchzehe
100 ml Obers
100 ml Gemüsefond
50 ml Weißwein
80 g Butter
Salz, Pfeffer
Muskat
Öl

ZUBEREITUNG:

Die Karotten und Rüben schälen. Dann mit einem Sparschäler aus den geschälten Karotten und Rüben nudelartige Streifen abschälen. Die nudelartigen Gemüsestreifen in Salzwasser kochen und in Eiswasser abschrecken, anschließend mit Butter in der Pfanne schwenken.

Die Champignons in dünne Scheiben, die Zwiebel und den Knoblauch in feine Würfel schneiden, und zusammen mit den Champignons in einem Topf in Butter anschwitzen. Mit Weißwein ablöschen und mit Fond aufgießen. Mit Obers und Butter vollenden. Mit Salz und Pfeffer abschmecken.

Die Gemüsenudeln im Teller anrichten und mit Sauce übergießen.

Kichererbsencreme
mit Arganöl und gebackenen Nussbrotchips

ZUTATEN:

Für die Kichererbsencreme:
500 g Kichererbsen
2 Knoblauchzehen
50 ml Olivenöl
5 g Kreuzkümmel
500 ml Gemüsefond

Für die Nussbrotchips:
4 Nussbrotblätter bzw. -scheiben
Fett zum Backen

Kerbel
4 EL Arganöl
Maldon Salz

ZUBEREITUNG:

Für die Nussbrotchips Nussbrot in Blätter bzw. dünne Scheiben schneiden, diese in heißem Fett backen und gut am Küchenkrepp abtrocknen.

Kichererbsen mit Knoblauch in Olivenöl ohne Farbe anschwitzen, mit Kreuzkümmel würzen. Mit Gemüsefond auffüllen und weichkochen. Pürieren und mit Salz und Pfeffer abschmecken. Danach in den Kühlschrank stellen und kühlen.

Auf Tellern mit Nussbrotchips anrichten und mit etwas Arganöl, Kerbel und Maldon Salz würzen und fertigstellen.

Alpenlachs
mit schwarzem Knoblauch

ZUTATEN:

Für den Lachs:
4 Stk. Alpenlachsfilet
à 120 g ohne Haut
Salz
Olivenöl

Für den Spinat und die Schwarzwurzeln:
250 g Blattspinat
2 Stangen Schwarzwurzel, geschält und in Scheiben geschnitten
Butterschmalz

Für die Fischsauce:
250 g Weißwein
250 g Noilly Prat
250 g Fischfond
300 g Butter
Salz
Zitrone

etwas schwarzer Knoblauch
Kresse

ZUBEREITUNG:

Für die Fischsauce Weißwein und Noilly Prat reduzieren lassen und mit Fischfond aufgießen. Nochmals einkochen lassen. Die Butter beigeben, mixen und mit Salz und Zitrone würzen.

Die Schwarzwurzel in Butterschmalz frittieren und salzen. Den Blattspinat blanchieren, in Eiswasser abschrecken. Anschließend den Spinat auf ein Küchenhangerl auflegen (Matte 30 x 25 cm) und dicht eindrehen. In 4 cm lange Stücke schneiden und warm stellen.

Die Fischfilets salzen und in Klarsichtfolie einwickeln, bei 100 °C ca. 8 Minuten garen. Danach in Stücke schneiden. Mit dem Spinat, frittierten Schwarzwurzeln und der aufgeschäumten Fischsauce servieren. Mit geschnittenem Knoblauch und Kresse garnieren.

Leber
mit Dörrmarillen-Chutney und Chicorée

ZUTATEN:

Für die Leber:
4 Stk. Kalbsleber à 130 g
Öl
Butter
Java Pfeffer
Maldon Salz

Für das Dörrmarillen-Chutney:
100 g Dörrmarillen, in kleine Würfel geschnitten
2 Schalotten, in kleine Würfel geschnitten
1 EL Olivenöl
2 EL Weißweinessig
1 EL Ingwer
1 Msp. Berbere (afrikanische Gewürzmischung)
1 Msp. Rosmarin, gehackt

Für den Chicorée:
2 Chicorée
2 EL Butter
1 TL Weißweinessig

evtl. etwas Sellerie-Püree

ZUBEREITUNG:

Kalbsleber bei 110 °C auf 54 °C Kerntemperatur braten, in Butter nochmals schwenken und würzen.

Für das Chutney Schalotten in Olivenöl anschwitzen, mit Essig ablöschen. Die Marillen, Berbere, Ingwer und gehackten Rosmarin dazugeben.

Vom Chicorée das Ende abschneiden und die einzelnen Blätter lösen. Anschließend in etwas Butter kurz glasieren und mit Salz leicht würzen.

Das Marillenchutney in die Chicoéeblätter füllen. Eventuell mit etwas Sellerie-Püree garnieren.

Topinambur
mit Paprika-Vinaigrette und Kresse

ZUTATEN:

Für die Topinamburs:
6 mittelgroße Topinamburs
Saft von 1 Zitrone
Flour de Sel

Für die Vinaigrette:
1/2 roter Paprika
2 Schalotten
1 EL Edelsauer P. X. Essig
2 EL Traubenkernöl
1 TL Staubzucker
Salz, Pfeffer

Kresse zum Garnieren
2 EL Croutons

ZUBEREITUNG:

Die Topinamburs schälen, mit einer Aufschnitt-Maschine (oder einem scharfen Küchenmesser) in ganz dünne Scheiben schneiden und auf einem Teller anrichten.

Für die Vinaigrette die Paprika in feine Würfel schneiden, mit den restlichen Zutaten vermengen und über den Topinamburs verteilen. Mit Kresse und Croutons garnieren.

Hering. Apfel. Walnuss. Kaviar

ZUTATEN:

10 Walnüsse
1 Cox Orange Apfel
1 Stange Sellerie
4 EL Sauerrahm
4 EL Walnussöl
Salz, Pfeffer
Honig
150 g Saiblingskaviar

Für die Marinade:

200 g frischer Hering
200 ml Savignon-Blanc-Essig
5 weiße Pfefferkörner
Saft von 1 rohen Zwiebel
100 ml Wasser

ZUBEREITUNG:

Für die Marinade alle Zutaten vermischen, einmal aufkochen lassen, auskühlen. Die Marinade über die zugeputzten Heringe gießen und 24 Stunden marinieren lassen.

Walnüsse in Honig karamellisieren. Aus den Äpfeln kleine Kugeln ausstechen und beigeben. Sauerrahm und Walnussöl verrühren, aufmixen und mit Salz und Pfeffer würzen.

Stangensellerie in Scheiben schneiden und blanchieren. Die Fische portionieren, auf Tellern anrichten und mit Kaviar, Sauerrahm und Walnussschaum garnieren.

Gänseleber
mit Quitte

ZUTATEN:

- 4 Scheiben Gänseleber à 100 g
- Mehl
- Öl
- Salz
- 1 Banane, in Scheiben geschnitten
- 100 ml Kalbsjus
- 50 ml Edelsauer P. X. Essig
- 2 EL Quittenpüree
- Majoranblätter

ZUBEREITUNG:

Leber mehlieren, in Öl braten und am Schluss leicht salzen.

Die Gänseleber mit Bananenscheiben belegen und mit Jus glasieren (das Jus sollte ziemlich sämig sein, damit es gut haftet).

Das Quittenpüree darauf dressieren. Mit Majoranblättern garnieren.

Auster
mit Knoblauch-Eis

ZUTATEN:

Für das Knoblauch-Eis:
250 ml Obers
250 ml Milch
3 Eier
3 Eidotter
50 g Glukose
10 g Kristallzucker
10 g Salz
1 Blatt Gelatine, eingeweicht
10 Knoblauchzehen, blanchiert

Für die Austern:
4 mittelgroße Austern
300 ml Olivenöl
1 Knoblauchzehe
1 Zweig Zitronenthymian
500 g glatte Petersilie
1 Wiesenchampignon
Tahoon-Kresse
Fleur de Sel

ZUBEREITUNG:

Eier und Eidotter über Wasserdampf bis zur Rose aufschlagen, danach kalt schlagen. Milch, Obers, Glukose, Zucker und Knoblauch aufkochen lassen und mixen. Die eingeweichte Gelatine auflösen, salzen und unter die Eiermasse ziehen. Milch-Knoblauch-Masse untermengen und in Pacojet-Becher abfüllen, 24 Stunden einfrieren.

Das Olivenöl auf 50 °C erhitzen, Knoblauch und Zitronenthymian dazugeben, die Austern öffnen, den Saft auffangen. Die Austern im Olivenöl 5 Minuten ziehen lassen. Petersilie klein hacken, mit Austernsaft verrühren. Die Austern mit etwas Olivenöl in tiefe Teller füllen, einen Esslöffel Petersilien-Austern-Saft beigeben und mit dem fein gehobelten Champignon, gehackter Kresse und Fleur de Sel garnieren. Mit dem Eis anrichten.

Kurkumawurzelsorbet

mit Karamellsauce und Schokoladenauflauf

ZUTATEN:

Für das Kurkumawurzel-Sorbet:
100 ml Milch
50 ml Obers
5 g Kurkumawurzel
3 Eidotter
25 g Zucker

Für die Karamellsauce:
100 g Zucker
30 g Butter
100 g Obers

Für den Schokoladenauflauf:
4 Eier
130 g Zucker
100 g Mehl
150 g Schokolade
150 g Butter

ZUBEREITUNG:

Für das Sorbet Kurkumawurzel fein reiben und mit Milch und Obers aufkochen lassen. Zucker und Eidotter aufschlagen und unter die Milch ziehen, durch ein Sieb passieren und in eine Eismaschine füllen und frieren lassen.

Für die Karamellsauce Zucker in einer Pfanne karamellisieren, mit Butter lösen. Mit Obers aufkochen und 5 Minuten kochen lassen.

Für den Schokoladenauflauf Eier und Zucker aufschlagen.
Butter erhitzen über die Schokolade gießen und verrühren.
Schokoladenmasse mit Mehl unter das geschlagene Ei heben. In Formen gießen und bei 180 °C 10 Minuten backen.

Kaiser der Paradeiser

Paradeiser ist jenes Gemüse, das eine Zeit lang vor allem durch holländische Massenware zu einem völlig geschmacksneutralen Lebensmittel degenerierte.
In der Zwischenzeit hat sich die Situation deutlich verbessert. Vor allem die kleinen und in der Regel geschmacksintensiven Kirsch- oder Cocktailparadeiser haben die glasigen, holländischen Wasserbällchen weitgehend verdrängt.
Die besten Cocktailparadeiser kommen aus Sizilien, Apulien und Kalabrien, die Italiener sagen „Pomodorini" dazu, die begehrteste Sorte ist „Pomodorino di Cerignola". Man bekommt sie gelegentlich auch in Österreich auf Märkten oder bei diversen Delikatessenhändlern. Und weil die Nachfrage nach diesen roten Perlen in der letzten Zeit so gestiegen ist, werden sogar in den Supermärkten inzwischen österreichische Cocktail-Paradeiser von exzellenter Qualität angeboten.
Wer sich für gute Paradeiser interessiert, sollte aber vor allem einmal zu Erich Stekovics ins burgenländische Frauenkirchen pilgern. Er wird gerne als „Kaiser der Paradeiser" bezeichnet, denn dieser Mann kultiviert tatsächlich rund 3200 zum Teil ganz alte und unbekannte Sorten. Das ist die weltweit größte Sammlung an Tomaten – Pardon – Paradeisern, natürlich.
Stekovics, der eigentlich Priester werden wollte, ist ein Fanatiker. Er hat es sich zur Aufgabe gemacht, den verloren gegangenen Geschmäckern nachzuspüren, weil „die meisten Menschen ja gar nicht mehr wissen, wie ein wirklich guter Paradeiser schmeckt".
Seine paradiesische Paradeiser-Kultur beinhaltet wohl klingende Sorten wie „Die verlorene Goldkugel des Froschkönigs", „Gundula" oder „Orange Königin", aber auch Sorten mit so profanen Namen wie „Justus Zuckersüß", „Schlesische Himbeere" oder „Rosa Helena".
Jedes Jahr ab August veranstaltet Stekovics Einzelführungen (nach telefonischer Voranmeldung) und zeigt seinen Besuchern sein „Reich". Er weiß über jede einzelne Sorte eine Menge an Geschichten zu erzählen und lässt seine Gäste auch probieren. Die sind dann meistens völlig aus dem Häuschen, wie gut und intensiv Paradeiser schmecken können.
Frisch gibt es diese Delikatessen allerdings nicht zu kaufen. Stekovics füllt seine Perlen mit optimaler Reife in Gläser und konserviert sie in feinstem Weinessig. Diese Raritäten aus dem Hause Stekovics werden inzwischen in jedem besseren Delikatessen- oder Gemüsegeschäft, auf Märkten oder bei ihm selbst verkauft. Wer will, kann von dem Paradebauern auch bestimmte Pflanzen käuflich erwerben, um sie dann im eigenen Garten zu ziehen.
Paradeiser lagert man übrigens keineswegs im Kühlschrank. Sie werden dort glasig und verlieren ihren Geschmack. Die ideale Lagertemperatur ist 12 bis 16 Grad Celsius, nur so kann sich das Aroma wirklich entfalten.

KONTAKT:
Anmeldung für Führungen bei Erich Stekovics: Mobil: 0676/966 07 05,
Schäferhof 13, 7132 Frauenkirchen, www.stekovics.at

Der Spargel-Pionier

Spargel und der Name Malafa sind schon über 100 Jahre miteinander verbunden. Es war der Urgroßvater, der bereits 1876 von Böhmen nach Österreich kam und am Maierhof im niederösterreichischen Wolfpassing den Spargel als „Gemüse für die besseren Leute" kennen lernte. 1890 übersiedelten die Malafas nach Goldgeben und begannen selbst am ersten kleinen Acker Spargel anzubauen. In den Jahrzehnten danach versuchten viele Bauern durch die Nähe zu den Wiener Märkten den Spargelanbau auf kleinen Flächen nebenbei zu betreiben. Damals wurde in Österreich mehr Spargel kultiviert als heute. Bereits 1914 gab es eigene Spargelsammelstellen, wo das gefragte Gemüse streng sortiert und dann per Bahn nach Wien gebracht wurde. Mit dem Krieg und der darauf folgenden Hungersnot wurden jedoch viele Spargelflächen gerodet und stattdessen Erdäpfel angebaut. Die Familie Malafa hingegen blieb dem Spargel treu.

Als Gerhard Malafa 1985 nach dem plötzlichen Tod seines Vaters den Betrieb übernommen hatte, wollte er nur eines: Genauso erfolgreich sein, wie es der Vater war. Auf den Feldern der Malafas wurde damals Gerste, Weizen, Roggen, Mais, Rüben, Erdäpfel und nur zwei Hektar Spargel angebaut. Am Hof gab es neben Schweinen, Kühen, Stieren, Enten und Hühnern auch noch zwei Schafe und ein Pony.

Doch sehr bald musste Gerhard Malafa erkennen, dass Vielfalt allein kaum Erträge bringt, traditionelle Arbeitsabläufe nicht mehr funktionierten und selbst die Vermarktung auf einmal nicht mehr so richtig klappen wollte. So wurden nach und nach verschiedene Bereiche aufgelassen.

Doch unterkriegen ließ sich der ehrgeizige Landwirt noch lange nicht. Malafa besuchte die Bauernakademie, lernte aufgeschlossene Kollegen kennen und wandelte sich langsam zum „Querdenker". In diesen Jahren vergrößerte er fast jährlich die Spargelflächen und wurde so langsam zum Experten. Heute kultiviert die Familie insgesamt 16 Hektar Spargel. „Wir legen großen Wert auf das natürliche Wachsen des Spargels", sagt Malafa, „wir haben keine künstliche Bewässerung, die Düngung erfolgt ausschließlich mit Kompost. Vor und während der Ernte gibt es überhaupt keine chemische Behandlung des Bodens."

Wichtig ist dem Spargel-Pionier aber auch eine professionelle Vermarktung des edlen Gemüses. „Wir wollen frischen Spargel in bester Qualität zum Kunden bringen", meint Malafa selbstbewusst und ist sich sicher, „trotz der stressigen Saisonarbeit können wir unseren Kindern immer noch Freude an der Arbeit in und mit der Natur vermitteln."

KONTAKT:
Malafa Spargel
Ab-Hof-Verkauf: 3464 Goldgeben, Dorfstrasse 39. Tel.: 02265/7245. www.spargel-malafa.at
In der Spargelsaison (Anfang April bis Mitte Juni) täglich von 8:00 Uhr bis 19:00 Uhr geöffnet.

Die Profis aus dem Erdbeerland

Wenn Margit Zachhalmel über Erdbeeren spricht, dann leuchten ihre Augen. Sie weiß, dass sie nur erstklassige Qualität auf ihren Feldern erntet, denn die Kunden sind anspruchsvoll. Einer davon ist Hans Staud, Wiens Marmeladenkaiser. Für ihn produziert Margit Zachhalmel sogar eine eigene Erdbeersorte, aus der die berühmte Firma „Staud“ dann eine ihrer köstlichen Marmeladen herstellt und in die ganze Welt exportiert.

Den Bauernhof in der Weidengasse in Rust im Tullnerfeld gibt es schon seit 1644. Seit 1997 arbeiten Margit und ihr Mann Josef als Gemüsebauern mit Spezialisierung auf Porree, Sellerie und Chinakohl. Seit sechs Jahren werden aber auch Erdbeeren angebaut – mit bis zu 80 Erntehelfern in der Saison. Die meisten Beeren werden direkt an die Kunden vermarktet, ein kleiner Teil aber geht in die Eigenprodukte. Denn die engagierten Gemüse-Profis stellen unter anderem auch einen köstlichen Erdbeerwein, einen Erdbeernektar und ein Erdbeer-Brand her.

Für ihren Ab-Hof-Laden und den Bauernmarkt in Tulln in der Holzschuhpassage produzieren Margit und Josef Zachhalmel auch noch Brokkoli, Karfiol, Kohl, Paradeiser, Gurken, Paprika, Zucchini, Fisolen und Radieschen.

„Langweilig wird uns nie“, sagt Margit Zachhalmel und lächelt wieder, „aber Gemüse zu produzieren ist eben mehr als nur irgendein Beruf.“

KONTAKT:
Margit und Josef Zachhalmel
3451 Rust im Tullnerfeld, Weidengasse 4, Tel. 02275/6815

1,40/Stk
0,80€
1kg 1,50

Gemüse-, Kräuter- und Gewürzlexikon

Gemüse – Grundsätzliches

Lagerung

Dass erntefrische Gemüse möglichst rasch verbraucht werden sollte, ist im Grunde eine Selbstverständlichkeit. Wärme und Sonnenlicht sind die größten Feinde der knackigen Frische. Allerdings sollte man es auch mit der kühlen Lagertemperatur nicht übertreiben. Fast alle Gemüsesorten halten sich am besten in kühler Umgebung (4 bis 6 °C) bei hoher Luftfeuchtigkeit (70 bis 80 Prozent). In herkömmlichen Haushalten bietet sich dafür am ehesten das sogenannte Gemüsefach des Kühlschranks an. Dort ist es ein wenig feuchter und wärmer als in den darüber liegenden Ebenen. Gleichzeitig sollte man sich aber auch klar machen, dass sich einige Gemüsearten im Grunde gar nicht für eine Lagerung im Kühlschrank eignen. So werden dort zum Beispiel Zucchini und Melanzani sehr rasch weich und unansehnlich. Und Paradeiser verlieren bereits nach einem Tag im Kühlschrank den größten Teil des Aromas. Außerhalb des Gemüsefachs sollte man Gemüse stets in Folie oder Papier einwickeln, um so einem möglichen Feuchtigkeitsverlust vorzubeugen.

Verarbeitung

Knackiges Gemüse erhält man, wenn man es so kurz wie nur irgendwie möglich gart. Zerteilen Sie Gemüse stets in gleich große Stücke, damit es beim Zubereiten gleichmäßig gart. Oft reicht es, wenn man Gemüse nur kurz blanchiert und in ganz wenig Fett durchschwenkt oder in wenig Flüssigkeit dünstet. Bei Beachtung dieser Grundsätze bleibt auch ein Höchstmaß an wertvollen Vitaminen und Mineralstoffen erhalten.

Gemüse behält seine Farbe, wenn man es ganz kurz in kochendes Wasser legt und danach sofort in eiskaltem Wasser abschreckt. Durch diesen Vorgang – in der Fachsprache nennt man ihn blanchieren – bewahren speziell grüne Gemüsesorten wie Brokkoli, Fisolen oder Blattspinat ihre schöne Farbe.

Wasserhältige Gemüse wie Kürbis, Zucchini, Melanzani oder Gurken immer in einer sehr großen und vor allem heißen Pfanne anbraten. Andernfalls dünstet das Gemüse sofort in seinem eigenen Saft, bleibt womöglich am Pfannenboden kleben und wird vor allem unangenehm matschig. Machen Sie daher immer den Hitzetest: Wenn die Wassertropfen am Pfannenboden förmlich tanzen, ist die optimale Temperatur erreicht. Größere Mengen Gemüse sollte man in zwei Durchgängen anbraten.

Kräuter und Gewürze – Grundsätzliches

Lagerung

Im Kühlschrank halten Kräuter am besten, wenn sie in feuchtes Küchenkrepp eingewickelt sind. Atmende Frischhaltefolie außen herum sorgt dafür, dass in Ihrem Kühlschrank keine Wasserpfützen entstehen.

Getrocknete Gewürze wie etwa Rosmarin, Kümmel, Majoran und Pfeffer sollte man zumindest einmal im Jahr erneuern, weil sie spätestens dann dramatisch an Aroma eingebüßt haben. Am besten lagern Sie getrocknete Gewürze dunkel und in luftdicht abgeschlossenen Behältern.

Verarbeitung

Wenn auf Kräutern noch Erde anhaftet, gleich nach dem Einkaufen oder Ernten waschen und abtropfen lassen. Niemals feucht verarbeiten, weil sie sich dann schlechter schneiden lassen und an Aroma verlieren.

Verwenden Sie im Interesse des Aromas vorzugsweise ganze Gewürze, die Sie erst im Zuge der Zubereitung zerreiben oder auch im Mörser zerstoßen. Einige Gewürze wie etwa Pfeffer, Kümmel oder Kardamom erhalten eine neue Geschmacksdimension, wenn man sie in einer schweren, heißen Pfanne ohne Fett röstet.

Artischocken (Cynara scolymus)

Die Artischocke ist keine Frucht, sondern eine geschlossene Knospe eines Distelgewächses. In Rom kannte man die Artischocke schon 550 vor Christus, in Frankreich wurde sie im 18. Jahrhundert zum kulinarischen Privileg des Adels hochstilisiert. Man unterscheidet groß- und kleinköpfige Varianten.

TIPP: *Die Artischocke verfärbt sich sehr rasch bei Lichteinwirkung. Abhilfe bietet das gründliche Einreiben des Bodens mit dem Saft einer halben Zitrone, ein Schuss Essig im Kochwasser sorgt zusätzlich dafür, dass die Artischocke ihre Farbe behält. Wenn Artischocken bitter schmecken, kann daran auch das falsche Putzen der Frucht schuld sein.*
Der Stiel der Artischocken darf nicht abgeschnitten werden, sondern muss herausgedreht bzw. herausgezogen werden. Nur so entfernt man auch die bitteren Fäden des Strunks.
Lagerung: Artischocken bewahrt man kühl in feuchten Tüchern auf.

Avocados (Persea americana MILL.)

Das gelbe Fruchtfleisch der Avocados verfärbt sich in aufgeschnittenen Zustand sehr schnell schwarz. Diesen unschönen optischen Effekt kann man durch das Beträufeln mit Zitronensaft vermeiden. Legen Sie halbierte Früchte mit der aufgeschnittenen Seite voran auf einen Teller, damit das Fruchtfleisch möglichst wenig Luftkontakt hat. Unreife Avocados sind hart und eher geschmacklos. In Zeitungspapier eingewickelt, reifen sie bei Zimmertemperatur rasch nach. Reif und geschmackvoll sind Avocados, wenn deren Schale fast schon schwarz ist und auf Fingerdruck etwas nachgibt.

Basilikum (Ocimum basilicum)

Basilikum niemals hacken, sondern nur in grobe Streifen schneiden. Dies tut man am besten mit einer Schere. So verfärbt sich die Schnittstelle nicht. Basilikum niemals mitkochen, weil sonst sein Aroma verloren geht. Geben Sie Basilikum immer erst der fertig gegarten Speise bei.

Bohnen (Phaseolus)

Es gibt unzählige Bohnenarten, Anbauschwerpunkte liegen in Europa und Ostasien. Zu den bekanntesten gehören die Buschbohnen oder Fisolen. Bohnen sollte man mindestens 10 Minuten garen, damit der giftige Eiweißstoff Phasin abgebaut wird.

TIPP: *Hülsenfrüchte immer in ungesalzenem Wasser kochen, weil sich sonst die Garzeit enorm verlängert und die Hülsenfrüchte nie richtig weich werden. Lagerung: Getrocknete Hülsenfrüchte möglichst kühl, trocken und lichtgeschützt aufbewahren. Ungeschälte Hülsenfrüchte sind bis zu einem Jahr haltbar, geschälte nicht länger als 6 Monate. Danach werden Erbsen, Bohnen und Linsen selbst durch langes Garen nicht mehr weich. Deshalb Reste niemals mit frisch gekauften mischen.*

Brokkoli (Brassica oleracea convar.)

Wie der botanisch nah verwandte Karfiol besteht Brokkoli hauptsächlich aus Blütenstielen und -knospen. Gedämpft oder gedünstet schmeckt er am besten, die Stängel haben dabei eine längere Garzeit.
Im Gegensatz zu Karfiol isst man bei Brokkoli nicht nur die zarten Röschen, sondern auch die fleischigen Stiele.

TIPP: *Beim Garen ist Fingerspitzengefühl angesagt. Brokkoli nur kurz dünsten oder in Fett schwenken. Das Gemüse sollte in jeden Fall bissfest sein. Besonders fein schmeckt Brokkoli, wenn man die Stiele der Röschen sorgfältig putzt und kreuzweise einschneidet. Dadurch werden Röschen und Stängel gleichzeitig weich. Man kann die Stiele aber auch extra garen und die Röschen kurz blanchieren. Welke Röschen oder Stiele sind die Merkmale von überlagerter Ware. Geöffnete und gelblich verfärbte Röschen sind ebenfalls ein negatives Qualitätsmerkmal.*

Chicorée (Cichorium intybus var. foliosum)

Der Chicorée zeichnet sich durch ein feinbitteres Aroma aus. Manchen ist er allerdings zu bitter.

TIPP: *Wenn man ihn mit einer Semmel kocht oder auch nur in warmes Wasser einlegt, entzieht man ihm die Bitterstoffe.*
Lagerung: Chicorée ist ein sehr empfindliches Gemüse. Vor allem Licht verträgt Chicorée gar nicht. Chicorée am besten in Papier eingewickelt im Kühlschrank aufbewahren.

Chinakohl (Brassica pekinensis)

Nach Meinung der Botaniker handelt es sich dabei um eine Kreuzung aus Speiserübe und Pak-Choi, dem chinesischen Senfkohl. Wird gerne für asiatische Gerichte verwendet. Chinakohl schmeckt viel zarter als herkömmliche Kohlarten und hat im Grunde keinen typischen Kohlgeschmack. Das prädestiniert ihn für Salate, weil man Chinakohl ohne Probleme roh essen kann. Man kann Chinakohl auch braten oder wie Sauerkraut einlegen. Chinakohl bekommt man in den meisten Asia-Shops.

TIPP: *Beim Einkauf darauf achten, dass die einzelnen Blätter möglichst knackig, fest und saftig sind. Die Blätter dürfen keine dunklen Stellen aufweisen. Lagerung: Im Gemüsefach des Kühlschrankes kann man frischen Chinakohl mehr als eine Woche problemlos lagern.*

Curry

Curry ist genau genommen kein eigenes Gewürz, sondern eine Gewürzmischung. In indischen Haushalten wird Curry auch heute noch individuell zusammengestellt. In Currypulver können bis zu 25 verschiedene Gewürze enthalten sein. Fast immer dabei sind Pfeffer, Paprika, Kardamom, Nelken, Ingwer, Koriander, Kreuzkümmel, Muskatnuss, Piment, Zimt und Kurkuma. Kurkuma (hierzulande auch Gelbwurz genannt) ist immer dabei und gibt jeder Currymischung ihre prächtige gelbe Farbe. Obwohl man bei Curry immer an Pulver denkt, werden Currymischungen auch als Paste angeboten. Mit Curry kann man nicht nur Fleisch und Fisch sondern auch Linsen und Bohnen effektvoll aromatisieren. Besonders Mutige würzen Früchte wie Mangos, Orangen und Pfirsiche damit.

Eiskraut (Mesembryanthemum crystallinum)

Eiskraut ist ein spinatähnliches Gemüse und wird nicht nur in der Küche verwendet sondern auch als Zierpflanze gehalten. Am besten schmeckt Eiskraut, wenn es fein geschnitten für einen gemischten Blattsalat verwendet wird.

Erdapfel, Kartoffel (Solanum tuberosum)

Unter Botanikern ist es umstritten, ob der Erdapfel überhaupt zu den Gemüsen zählt, landläufig wir er aber wegen seiner Bedeutung als solches gesehen. Ursprünglich wurden Erdäpfel in den Anden-Gebieten Südamerikas kultiviert, nach Europa kamen sie gegen Ende des 16. Jahrhunderts.

TIPP: *Bratkartoffeln werden nur dann knusprig, wenn man sie zum Braten in wirklich heißes Fett gibt. Lauwarmes Fett wird von der Kartoffel aufgesogen, wodurch sie niemals knusprig werden.*
Bratkartoffeln gelingen am besten, wenn Sie die festkochenden Kartoffeln schon einige Stunden vorher kochen und dann völlig auskühlen lassen. Manche schwören sogar darauf, die Kartoffeln schon am Vortag zu kochen.
Noch ein Tipp, um knusprige Bratkartoffeln zu bekommen: Bestäuben Sie die Kartoffeln vor dem Braten mit etwas Mehl oder Semmelbröseln.

Fenchel (Foeniculum vulgare)

Fenchel hat vor allem in der italienischen Küche eine große Bedeutung. Kann roh oder gekocht, sowie gedünstet und gegrillt gegessen werden. Frischer Fenchel ist idealerweise eine feste, helle Knolle, die keinerlei Druckstellen aufweist. Braune Stellen auf der Knolle selbst oder am Strunk sind Beschädigungen, die auf eine längere Lagerung hinweisen. Die Italiener unterscheiden zwischen weiblichem und männlichem Fenchel. Die weiblichen Knollen sind schmäler und wirken langgestreckter. Männlicher Fenchel ist dick und rund und hat angeblich weniger Fäden, was vor allem dann eine Rolle spielt, wenn man das Gemüse nur ganz kurz kocht oder überhaupt roh essen will.

TIPP: *Das grüne, optisch an Dille erinnernde Kraut am Kopf der Knolle abschneiden und als Würze für das fertige Gericht verwenden.*
Lagerung: Frischen Fenchel kann man im Gemüsefach des Kühlschranks ohne Probleme eine Woche aufbewahren.

Gurke, Salatgurke (Cucumis sativus)

Die Heimat unserer Salatgurke liegt in Nordindien. Nach Europa gelangte die Gurke im Mittelalter. Besonders geeignet ist diese Sorte für Salate, aber auch für Suppen.

Guter Heinrich (Chenopodium bonus-henricus)

Guter Heinrich ist ein Blattgemüse, das vom Spinat im Laufe des Mittelalters verdrängt wurde. Besonders junge Blätter ergeben ein geschmackvolles, leicht herb schmeckendes Spinatgemüse mit einem hohen Vitamin-C-Gehalt.

Ingwer (Zingiber officinale)

Hat ein kräftiges, scharfes, zugleich aber auch süßliches Aroma, das sich durch Trocknen noch verstärkt. Am bestem schmeckt Ingwer, wenn die Wurzel noch ganz frisch ist. Älteren Ingwer erkennt man an seiner Fasrigkeit, die im schlimmsten Fall keinen sauberen Schnitt mehr erlaubt. Je älter die Ingwerwurzel ist, umso mehr verstärkt sich seine Schärfe. Getrocknetes Ingwerpulver ist ganz besonders scharf und sollte äußerst vorsichtig dosiert werden.

Karfiol (Brassica oleracea convar.)

In den Handel gelangt Karfiol mit gestutzten Blättern. Der weiße Kopf ist eigentlich ein noch nicht voll entwickelter Blütenstand. Ideal ist er gekocht oder bissfest blanchiert in Salaten.

TIPP: *Beim Einkauf möglichst feste Köpfe ohne Flecken wählen. Frische kann man im Idealfall auch an den Außenblättern erkennen, die dann noch knackig grün sind. Die Röschen sollten weiß bis elfenbeinfarben sein.*
Lagerung: Im Kühlschrank hält frischer Karfiol etwa eine Woche. Einzelne Karfiolröschen lassen sich, nachdem man sie in Salzwasser blanchiert hat, sehr gut tiefkühlen.

Karotten (Daucus carota subsp. sativus)

Eines der meistgegessenen Wurzelgemüse. Gelbe und weiße Karotten sind gut für Eintöpfe, Schmorgerichte und Suppen. Bei den orangen Sorten sind die kleinen, noch jungen Exemplare besonders begehrt.

Kichererbsen (Cicer arietinum)

Kichererbsen sind in den Küchen rund um das Mittelmeer und vor allem in Indien ein wichtiges Nahrungsmittel. Vor dem Kochen müssen sie längere Zeit eingeweicht werden.

Knoblauch (Allium sativum var. sativum)

Knoblauch ist eine der ältesten Kulturpflanzen und stammt vermutlich aus Südwestasien. Bereits in der Antike war er eine beliebte Heil- und Gewürzpflanze. Ganz frischer Knoblauch schmeckt am besten. Achten Sie beim Einkauf darauf, dass die Knollen völlig unverletzt sind und keine Flecken oder Triebe aufweisen. Die einzelnen Zehen müssen glatt und prall sein und eine glänzende Außenhaut besitzen. Vertrockneter Knoblauch und Zehen, die bereits austreiben, schmecken unangenehm muffig und penetrant.

TIPP: *Niemals braun anbraten, sonst schmeckt er bitter. Knoblauch deshalb immer erst am Ende des Garvorgangs in die Pfanne geben. Wer Wert auf ein eher nobles, dezentes Knoblaucharoma legt, sollte nur eine ungeschälte Knoblauchzehe mitgaren oder das betreffende Gargeschirr mit einer der Länge nach halbierten Zehe einreiben.*
Lagerung: Am besten hält Knoblauch an einem luftigen, relativ kühlen Ort.

Kohlrabi (Brassica oleracea convar. acephala var. gongylodes)

Die Herkunft ist umstritten. Kohlrabi ist reich an Carotin, Eiweiß und Vitamin C. In Österreich hat dieses Gemüse traditionell eine große Bedeutung.
Je nach Saison wird grüner oder violetter Kohlrabi angeboten. Der Unterschied liegt in der Anbauweise: Der grüne Kohlrabi kommt aus dem Gewächshaus, der violette aus Freilandanbau. Kaufen Sie bevorzugt mittelgroße Knollen mit dünner Schale und frischen Blättern.

TIPP: *Kohlrabi-Blätter (sie enthalten besonders viele Vitamine und Nährstoffe) kann man wie Kräuter hacken und roh als Würze über das fertige Gericht streuen. Lagern sollte man die Blätter allerdings extra, andernfalls entziehen sie der Kohlrabi-Knolle extrem viel Feuchtigkeit.*
Lagerung: Im Gemüsefach ist Kohlrabi zwei bis drei Tage haltbar. Wenn man ihn länger aufbewahren will, am besten in ein feuchtes Tuch wickeln.

Kren (Armoracia rusticana)

Kren hat mehr Vitamin C als Zitronen. Er schmeckt unangenehm bitter, wenn man ihn mitkocht.

TIPP: *Reiben Sie Kren immer erst im letzten Moment auf die fertig angerichteten Speisen, um sein ganzes Aroma genießen zu können. Bei Luftkontakt verfärbt sich Kren sehr rasch braun. Um diese Oxidation zu vermeiden, am besten mit Zitronensaft oder Essig beträufeln.*
Lagerung: Lagern Sie Kren am besten in einem feuchtem Tuch oder Papier im Kühlschrank. Kren lässt sich ganz gut einfrieren.

Kresse, Gartenkresse (Lepidium sativum ssp. sativum)

Gartenkresse wird meist in speziellen Gartenbaugroßbetrieben ganzjährig kultiviert. Eine besonders geschmacksintensive Sorte ist die „Sisho-Kresse“, auch japanische Kresse genannt. Sie schmeckt leicht pfeffrig.

TIPP: *Kresse können Sie ganz leicht daheim in Schalen oder tiefen Tellern ziehen. Weichen Sie das Saatgut eine Nacht vor der Aussaat in lauwarmem Wasser ein. Dann dicht und gleichmäßig auf der Oberfläche des Substrats (sandige Erde, dicke Watte oder mehrere Schichten Papierservietten) verteilen. Wichtig ist, dass der Behälter immer feucht ist und an einem hellen Ort steht. Wollen Sie ständig frische Kresse verfügbar haben, müssen Sie alle 14 Tage neu aussäen. Kresse kann daheim zu jeder Jahreszeit angebaut werden.*

Kümmel (Carum carvi), Kreuzkümmel (Cuminum cyminum)

Bei Kümmel im küchentechnischen Sinn handelt es sich um die Samen der Kümmelpflanze. Nur ganz selten werden auch die Wurzeln und die Blätter angeboten. Die Blätter kann man übrigens wie Petersilie zum Würzen verwenden. Grundsätzlich unterscheidet man zwischen dem bei uns heimischen, europäischen Kümmel und dem orientalischen Kreuzkümmel. Der klassische, europäische Kümmel gedeiht am besten in kühlen Regionen. Die Samen der Pflanze enthalten (je nach Alter) ein starkes, ätherisches Öl, das für den kräftigen, herben Geschmack verantwortlich ist. Am besten kauft man ganzen Kümmel. Gemahlener Kümmel verliert sehr schnell an Aroma. Der orientalische Kreuzkümmel schmeckt viel intensiver und bitterer. Man könnte Kreuzkümmel geschmacklich auch als Mischung zwischen Kümmel und Koriander definieren. Die Kreuzkümmelsamen sind wesentlich dicker als normaler Kümmel.

Kürbis (Cucurbita)

Es gibt fünf botanische Arten, davon gibt es wiederum hunderte von verschiedenen Sorten, die sich oft nur geringfügig voneinander unterscheiden. In Süd- und Zentralamerika soll es Kürbis schon vor mehr als 10.000 Jahren gegeben haben. Kürbisse gehören zu den ältesten Nahrungspflanzen überhaupt. In der feinen Küche wird in erster Linie der rote Kürbis verwendet. Er wird als Muskatkürbis oder Moschuskürbis bezeichnet und ist eigentlich nur eine von etwa 800 verschiedenen Kürbisarten.

TIPP: *Von außen betrachtet sollte die Schale des Kürbisses beim Einkauf keinerlei Flecken aufweisen. Kürbisfleisch muss kernig-fest sein. Kürbisputzen ist ganz einfach: Schälen oder waschen, in Segmente teilen und die Kerne mit den watteartigen Fasern entfernen.*
Lagerung: Kühl und trocken gelagert halten sich Kürbisse im Ganzen mehrere Monate. Tiefgefrorene, rohe Stücke bleiben etwa ein halbes Jahr in Form. Einzelne Kürbisteile kann man, mit Klarsichtfolie bedeckt, ohne Probleme für einige Tage im Kühlschrank aufbewahren. Winterkürbisse am besten im kühlen Keller lagern, wo sie ziemlich lange halten.

Lauch (Allium porrum var. porrum)

Lauch hat sich laut Experten aus dem im östlichen Mittelmeerraum und in Vorderasien vorkommenden Acker- oder Sommerknoblauch entwickelt. Man unterscheidet zwischen Sommer- und Winterlauch. Letzterer hat dicke, kräftige, eher mild schmeckende Stangen. Die kleineren Stangen des Sommerlauchs mit dem milden Zwiebel-Knoblauch-Aroma sind besonders gut als Gemüsebeilage geeignet. Knackig frischer Lauch zeichnet sich durch eine schöne weiße bzw. grüne Farbe aus. Je größer der Weißanteil ist, umso höher ist seine Qualität. In der europäischen Küche dreht sich bezüglich der Verwendung fast alles um den weißen Teil. In asiatischen Rezepten findet man auch für die grünen Abschnitte reichlich Verwendung.

TIPP: *Lauch immer nur kurz garen, weil er sehr rasch matschig wird. Aufpassen bei klaren Suppen: Sie werden bei der Beigabe von Lauch deshalb immer nur kurz gegart, weiters werden sie durch Lauch auch rasch trüb. Versuchen Sie doch einmal statt Zwiebeln grüne Lauchabschnitte in der Suppe.*
Lagerung: Frischer Lauch hält im Kühlschrank ungefähr eine Woche.

Linsen (Lens culinaris)

Linsen wurden schon vor rund 8000 Jahren in Ägypten und Kleinasien angebaut und zählen damit zu den ältesten Kulturpflanzen überhaupt. Lange Zeit galten Linsen als Arme-Leute-Essen, mittlerweile entdeckt man auch in der modernen, feinen Küche die noblen Qualitäten der vielseitigen Hülsenfrüchte. Linsen gibt es in verschiedenen Farben. Am beliebtesten sind die grünen und roten Linsen. Grüne Linsen sind zunächst olivgrün und werden bei längerer Lagerung bräunlich. Die runden, flachen Samen werden nach ihrer jeweiligen Größe sortiert angeboten. Ihr würziger Geschmack steckt in der Schale. Deshalb sind kleine Linsen mit proportional großem Schalenanteil besonders aromatisch. Rote Linsen kochen leicht sämig und färben sich bei der Zubereitung gelb.
Ihr Geschmack ist milder als jener der grünen Sorte.

TIPP: *Linsen müssen nicht – anders wie etwa Bohnen – eingeweicht werden. In jedem Fall sollte man sie aber sehr gründlich waschen, weil sie mitunter durch kleine Steine verunreinigt sind. Weitere Tipps siehe Bohnen.*

Lorbeer (Laurus nobilis)

Lorbeer verwendet man vor allem als Gewürz für Schmorgerichte oder Marinaden. Mit gutem Grund: Das Aroma der Blätter entfaltet sich nur ganz langsam. Je länger man Lorbeer mitkocht, umso mehr Aroma gibt er ab. Frische Blätter schmecken fein-herb bis bitter, beim Trocknen der Blätter verliert sich der bittere Geschmack, dafür verstärkt sich die Würzkraft.

Mais, Zuckermais (Zea mays convar. saccharata)

Vom Futtermais unterscheidet sich der Zuckermais durch die frühe Reife, die kleineren Kolben und die zarten, zuckerreichen Körner, die ihm den Namen Zuckermais gaben.

Mangold (Beta vulgaris var. cicla)

Die meisten der bei uns bekannten Mangoldsorten sind in der Schweiz entstanden. Man unterscheidet Blattmangold und Stielmangold – in beiden Fällen können blanchierte Blätter und Stiele gegessen werden. Ältere Blätter sind leicht bitter. Wie Spinat muss auch Mangold gründlich gewaschen werden, um ihn von sandigen Verunreinigungen zu befreien. Mangoldblätter kann man wie Spinat behandeln. Die Stiele sind die eigentliche Attraktion des Mangolds. Sie besitzen einen nussigen Geschmack und behalten ihren Biss auch nach etwas längerer Kochzeit.

TIPP: *Manchmal sind die Stiele sehr fasrig, dann die unteren Stielenden großzügig abschneiden und die Fasern wie Fäden abziehen.*
Lagerung: Mangold am besten in Klarsichtfolie verpackt im Kühlschrank lagern. Die Blätter halten nur einige Tage.

Melanzani (Solanum melongena)

Melanzani enthält Bitterstoffe, die man mit einem einfachen Trick wegbekommt: Salzen Sie die aufgeschnittene Melanzani vor der Zubereitung und lassen Sie diese ein wenig durchziehen. Bei immer mehr Früchten ist das aber dank moderner Zuchtsorten gar nicht mehr notwendig. Im Idealfall erinnert die violette Melanzani-Schale an eine glänzende Lackfläche. Wirklich frische Früchte dürfen auf zarten Druck fast nicht nachgeben. Kleine Melanzani schmecken am besten. Roh sollte man Melanzani nicht essen. Beim Braten aufpassen, dass die Frucht nicht zu viel Fett aufsaugt.

Lagerung: Melanzani immer in kühler, aber niemals kalter Umgebung lagern. Andernfalls sehen die Früchte bald recht traurig aus.

Olive (Olea europaea)

Wählen Sie am besten große Oliven. Sie schmecken in der Regel milder als die kleinen Sorten, die mitunter auch sehr salzig sein können. Große Oliven kann man mit Hilfe eines handelsüblichen Kirschen-Entkerners einfach und schnell entkernen. Oliven kann man nicht frisch vom Baum essen, da schmecken sie nur bitter. Erst durch das Einlegen werden die Früchte genießbar. Die Farbe der Oliven hängt vom Erntezeitpunkt ab. Oliven verändern sich am Baum farblich von grün über bläulich-violett bis schwarz. Grüne Oliven sind eigentlich unreife Oliven. Sie werden nach der Ernte gewaschen und für einige Zeit in Salzwasser eingelegt. Auf diese Art verlieren sie die unangenehmen Bitterstoffe. Die schwarzen, vollreifen

Oliven schmecken wesentlich intensiver, werden aber ebenfalls ausgiebig gewässert, in Salzwasser gelegt und in Olivenöl eingelegt angeboten.

Paprika (Capsicum annum var. annum)

Gemüsepaprika hat eine beachtliche Entwicklung hinter sich, die steigende Nachfrage bewirkte einen enormen Produktionszuwachs. Spanische Eroberer brachten die Pflanze im 16. Jahrhundert nach Europa und von dort nach Asien. Deshalb der Zweitname „Spanischer Pfeffer".

TIPP: *Frischer Paprika wirkt in sämtlichen Speisen wesentlich eleganter, wenn man ihn schält. Mit einem konventionellen Sparschäler kann man nur ganz großen und dickfleischigen Exemplaren zu Leibe rücken. Viel einfacher geht es so: Paprika vierteln, vom Kerngehäuse befreien und möglichst flachdrücken. Mit der Hautseite nach unten in ganz wenig heißes Fett legen, bis die Haut Blasen wirft. Danach in kaltem Wasser abschrecken und die Haut abziehen.*

Paprikapulver

Gewürzpaprika wird aus der spitzförmigen Schote der Paprikapflanzen gewonnen. Die Adern und Samen der Schote enthalten das sehr scharfe Capsaicin (ein Stoff, der auch in Chilischoten enthalten ist). Je mehr Adern und Samenkörner mit den getrockneten Schoten gemahlen werden, umso schärfer ist das Paprikapulver. Paprikapulver wird in verschiedenen Schärfegraden angeboten. Die traditionelle Einteilung: Der besonders milde Delikatesspaprika, der etwas pikantere, aber noch milde Edelsüßpaprika und der recht scharfe Rosenpaprika. Je milder das Paprikapulver schmeckt, umso mehr färbt es. Ein Kriterium, das vor allem bei der Herstellung von Saucen wichtig ist.

TIPP: *Weil Paprikapulver Zucker enthält (er ist ein natürlicher Bestandteil der Paprikapflanze), darf man das Pulver niemals zu stark anrösten. In diesem Fall karamellisiert der Zucker und z.B. das Gulasch schmeckt dann bitter. Die Lösung: Sofort nach Beigabe ablöschen.*

Pastinake (Pastinaca sativa)

Die Pastinake hat erst in letzter Zeit in der Küche an Bedeutung gewonnen. Besonders gut ist die Sorte „Aromata", eine relativ neue, biologische Züchtung. Pastinaken eignen sich hervorragend für Cremesuppen.

Petersilie (Petroselinum crispum)

Standard-Gewürz für jede Küche. Neben der glatten Variante wird in der mediterranen Küche besonders die „französische Petersilie“, erkennbar an der gekrausten Form, bevorzugt. Petersilie wird in erster Linie zum Garnieren und Würzen verwendet. Aus den Wurzeln kann man auch hervorragende Pürees und Saucen zubereiten. Ein wenig in Vergessenheit geraten ist der Brauch, Petersilie als Garnitur zu frittieren.

TIPP: *Das weltweit wohl beliebteste Küchenkraut sollte man niemals zu fein hacken. Sonst bleibt das Aroma im Schneidbrett, und die Petersilie selbst schmeckt nur noch langweilig grasig. Dies gilt für sämtliche in der Küche verwendeten Kräuter. Aromaschonender ist es, wenn man nicht mit einer Kräuterwiege, sondern mit einem scharfen Messer arbeitet.*

Pfeffer (Piper nigrum)

Ob schwarzer, weißer, grüner oder roter Pfeffer: Die Körner kommen immer vom gleichen Strauch, nur der Erntezeitpunkt variiert. Grüner Pfeffer sind die unreifen grünen Früchte, die vor allem in Salzlake oder Essig eingelegt angeboten werden. Er besitzt ein fruchtiges Aroma mit milder Schärfe. Den klassischen schwarzen Pfeffer erhält man, wenn man die grünen Pfefferkörner trocknen lässt, wodurch sie runzelig und schwarz werden. Der etwas mildere weiße Pfeffer entsteht, wenn man Pfefferfrüchte komplett ausreifen lässt. In der Folge entfernt man durch Wässern die gelblich-rote Schale der Früchte und trocknet sie. Durch das Fehlen der Schale hat weißer Pfeffer auch eine viel glattere Oberfläche als etwa der schwarze Pfeffer. Cayennepfeffer hat nichts mit Pfeffer gemeinsam außer dem irreführenden Namen. Cayennepfeffer wird aus getrockneten und gemahlenen Chilischoten hergestellt. Rosa Pfeffer gehört ebenfalls nicht zu den Pfeffergewächsen, sondern zur selben Familie wie Mango und Pistazien. Es handelt sich dabei um die Steinfrucht des Peruanischen Pfeffers. Jede Art von Pfeffer sollte frisch gemahlen aus der Pfeffermühle kommen. Vorgemahlener Pfeffer ist im Grunde nur als Niespulver geeignet. Je feiner man die Pfefferkörner mahlt, umso intensiver ist die Würzkraft des Pulvers. Ganze Pfefferkörner kann man auch ohne Mühle zerkleinern: Pfefferkörner auf ein Brett geben, Klarsichtfolie darübergeben und mit dem Boden einer schweren Pfanne zerdrücken.

Pilze

Lassen Sie beim Pilzebraten stets die austretende Flüssigkeit verdampfen, die Pilze sind dann viel schmackhafter. Pilze nur bei sehr starker Verschmutzung waschen, ansonsten lieber mit einem Tuch abreiben oder einem speziellen Pilzpinsel Schmutz entfernen. Gewaschene Pilze sofort abtrocknen und abtropfen lassen, um ein Vollsaugen mit Wasser zu verhindern. Denn Pilze saugen sofort das Wasser auf, das dann beim Braten in der Pfanne (oder bei einer anderen Zubereitung) wieder freigegeben wird. Wässrige Pilze kann man auch so zubereiten: In eine sehr heiße Pfanne geben, sodass die Pilze quietschen. Wenn sich kaum noch Dampf entwickelt, Butter oder Öl und Aromaten zugeben und nochmals kurz durchschwenken.

Lagerung: Pilze möglichst bald nach dem Einkauf oder nach dem Sammeln verarbeiten. Keinesfalls in Plastiksackerln aufheben, wo Pilze zu schwitzen beginnen und sogar gesundheitsschädliche Substanzen entwickeln können! Am besten in einem sauberen Tuch an einem kühlen Ort lagern.

Champignons (Agaricus)

Champignons schneidet man am schnellsten und einfachsten mit einem Eierschneider in gleich dicke Scheiben. Verwenden Sie alle Pilze möglichst bald nach dem Einkauf. Worauf man beim Einkauf achten sollte: Eine ledrig-trockene Oberfläche und unter dem aufgesprungenen Hut sichtbare Lamellen deuten auf ältere Ware hin. Die Pilzhüte sind im Idealfall makellos weiß und weisen keine Dellen auf. Wenn man Zitronensaft auf die Champignons träufelt, erhält sich auch beim Kochen die helle Farbe der Pilze.

Eierschwammerl (Cantharellus cibarius)

Trotz vieler Versuche ist es noch niemanden gelungen, den aromatischen Waldpilz zu züchten. Eierschwammerl lassen sich in der Küche besonders vielseitig einsetzen. Man kann sie ohne Weiteres mit anderen Pilzen wie etwa Zuchtchampignons mischen. Wer einmal mehr Eierschwammerl findet, kann sie entweder in Essigwasser einlegen oder auch, nachdem sie kurz in Salzwasser blanchiert wurden, einfrieren. Zum Trocknen sind sie ungeeignet. Im Idealfall sind die Schwammerln noch fest und ein ganz wenig feucht. Eingetrocknete Stellen zeugen von betagten Exemplaren. Achten Sie darauf, dass sie möglichst saubere Pilze bekommen, das erspart viel Zeit beim Putzen. Je schneller Sie die Schwammerln verarbeiten, umso besser. Schwammerln am besten in einem Tuch im Kühlschrank lagern.

Trüffel (Tuber)

Frische schwarze Trüffeln müssen vor der Verwendung sorgfältig gereinigt werden. Um die Erdreste zu lösen, in lauwarmes Wasser legen, dann unter fließendem Wasser abbürsten. In Vertiefungen steckende Erdreste vorsichtig mit der Spitze eines Messers lösen. Danach nochmals abspülen, gut abtrocknen und wenn nötig schälen. Schale und Abschnitte aufheben und für Saucen verwenden. Rohe Trüffeln kann man den verschiedensten Vorspeisen beigeben. Schwarze Trüffeln, die warmen Speisen beigegeben werden, vorher kurz in Butter dünsten. Weiße Trüffeln immer nur roh über das Gericht hobeln.

Lagerung: Mit jedem Tag Lagerung verlieren Trüffeln an Aroma. Wenn Sie Trüffeln für einige Tage lagern müssen, wickeln Sie die kostbare Knolle zuerst in Papier und dann in Alufolie. Legen Sie sie nicht in den Kühlschrank, aber an einen kühlen Ort. Die oft vorgeschlagene Methode, Trüffeln in Reis zu vergraben, mag dem Reis gut tun, aber nicht unbedingt den Trüffeln.

Rhabarber (Rheum rhabarbarum)

Bereits vor 4000 Jahren hatte Rhabarber in China große Bedeutung. Als Gemüse kennt man es erst seit dem 18. Jahrhundert. Am meisten verbreitet ist der eher milde „Himbeerrhabarber".

Rote Rübe (Beta vulgaris var. vulgaris)

Rote Rüben sind nicht nur besonders gesund, sie haben in der Gourmetküche in letzter Zeit deutlich an Bedeutung gewonnen. Jung geerntete Rüben sind meist besonders delikat.

Safran (Crocus sativus)

Wird aus den Blütennarben einer Krokuspflanze gewonnen. In jeder Blüte gibt es 3 Stängel, die händisch gezupft werden. Die besten Pflücker schaffen 60–80 g pro Tag. Für ein Kilogramm Safran sind mehr als 200.000 Blütennarben erforderlich. Hauptanbauland für Safran ist Spanien, von wo etwa 90 % der Weltproduktion stammen. Topqualität besteht ausschließlich aus Narben (auch Safranfäden genannt) und besitzt eine intensiv dunkelrote

Farbe. Normale Handelsware ist sogenannter natureller Safran, der neben den Narben auch noch Blütenbestandteile der Pflanze enthält. Sollte man Ihnen bei der nächsten Urlaubsreise Safranpulver im Sonderangebot anbieten, Hände weg: Wenn Safran billig ist, ist er mit Sicherheit verfälscht. Ein Muss ist Safran bei Paella, Bouillabaisse und authentischem Risotto alla milanese. Bei orientalischen Fleisch- und Reisgerichten kommt Safran ebenfalls sehr häufig zur Anwendung. Was nur wenige wissen: Lange Zeit wurde Safran auch in Österreich angebaut. Im niederösterreichischen Manhartsberg und in der Wachau war man bis ins 19. Jahrhundert hinein auf den Safrananbau spezialisiert, ehe die mühevolle händische Produktion aus Rentabilitätsgründen aufgegeben wurde.

TIPP: *Safran vor der Verwendung am besten mit einem Mörser zerreiben oder in ein wenig Flüssigkeit auflösen.*
Lagerung: Safran vor Licht und Feuchtigkeit geschützt lagern.

Salat

Salat nach dem Waschen immer gut mit einem Tuch abtrocknen bzw. mit einer Salatschleuder trocknen. So verwässert das Salatdressing nicht. Stark verschmutzten Feldsalat am besten bei fließendem Wasser längere Zeit wässern und einige Male durch ein gröberes Nudelsieb abseihen, damit der Sand abgespült werden kann.

Lagerung: Salat braucht bei der Lagerung eine sehr hohe Luftfeuchtigkeit, um den Prozess des Welkens so lange wie möglich hintanzuhalten. Wickeln Sie den Salat daher locker in ein feuchtes Tuch oder Papier und bewahren Sie die Ware im Gemüsefach des Kühlschrankes auf. Blattsalat bleibt besonders knackig, wenn man ihn bis kurz vor der Zubereitung in einem Plastiksack im Kühlschrank lagert.

Endivien (Cichorium endivia)

Die Urform der Endivien wurde schon von den Ägyptern als Gemüse genutzt. Heute sind die Hauptanbauländer Italien, Frankreich und die Niederlande. Aus botanischer Sicht sind sie nicht mit dem Kopfsalat, sondern mit dem Chicorée verwandt.

Kopfsalat (Lactuca sativa)

Zählt zu den meistgegessenen Gemüsearten. Es gibt unzählige Sorten, man unterscheidet grundsätzlich zwischen grünem und rotblättrigem Kopfsalat. Sorten wie „Lollo Rosso" aus Italien oder „Frisée" und „Rougette de Montpellier" aus Frankreich haben inzwischen auch bei uns an Bedeutung gewonnen.

Radicchio, Roter Chicorée (Cichorium intybus var. foliosum)

Das größte Anbau- und Vermarktungszentrum befindet sich bei Chioggia nahe Venedig. Zu den delikatesten Varianten zählt vor allem der „Radicchio di Treviso" mit einer länglichen Blattrosette.

Vogerlsalat (Valerianella locusta)

Vogerlsalat ist ein nussig schmeckender Salat, der im Herbst, Winter und Frühjahr geerntet wird.

Sauerkraut

Sauerkraut ist durch Gärung konservierter Weißkohl oder Spitzkohl. Wenn möglich, immer frisches Sauerkraut kaufen. Entweder im Supermarkt (verpackt in Frischebeuteln) oder direkt am Markt beim „Sauerstandler". In Konserven angebotenes Sauerkraut verfügt über ungleich weniger gesunde Inhaltsstoffe. Am gesündesten ist rohes Sauerkraut, denn Kochen zerstört die wertvollen Milchsäurebakterien.

TIPP: *Sauerkraut für die herkömmliche Zubereitung nicht waschen, weil sonst viele Vitamine und Nährstoffe verloren gehen. Am besten mit wenig Flüssigkeit und den Gewürzen etwa 20 Minuten garen.*

Schwarzwurzeln (Scorzonera hispanica L.)

Beim Schälen ist Vorsicht angebracht: Schwarzwurzeln geben einen milchigen Saft ab, der hartnäckige Flecken auf den Händen verursacht. Daher am besten mit Handschuhen oder mit dem Sparschäler unter fließendem Wasser abreiben. Schwarzwurzeln sollten beim Einkauf möglichst fest sein und keine matschigen Stellen oder irgendwelche Beschädigungen aufweisen.

TIPP: *Legen Sie die Wurzeln unmittelbar nach dem Schälen in Essig- oder Zitronenwasser. So bleiben die geschälten Wurzeln dauerhaft weiß.*

Lagerung: Im Gemüsefach des Kühlschranks halten sie ein bis zwei Wochen.

Sellerie (Apium graveolens)

Man unterscheidet Knollen-, Stangen- oder Staudensellerie sowie Schnittsellerie. Knollensellerie eignet sich für Suppen und Schmorgerichte, Stangensellerie für viele mediterrane Gerichte.

TIPP: *Die Stiele und Blätter der Knollensellerie kann man nicht wie Stangensellerie verwenden, weil sie viel zu bitter schmecken.*

Lagerung: Frisch hält sie sich im Gemüsefach des Kühlschranks ohne Probleme rund eine Woche. Wenn Sie eine ganze Knolle kaufen, die noch Stängel und Blätter besitzt, diese bei längerer Lagerung unbedingt abschneiden, weil sie der Knolle Feuchtigkeit entziehen.

Senf

Die Senfproduktion ist denkbar einfach: Senfkörner werden mit Essig angesetzt und später passiert. Salz, Zucker, Wein und verschiedene Gewürze geben dem Senf dann den individuellen Touch. Wer will, kann mit im Handel erhältlichen Senfkörnern oder Senfpulver seine ganz persönliche Senfmischung anrühren. Recht interessante geschmackliche Effekte kann man in Marinaden mit ganzen Senfkörnern erzielen, die bei Draufbeißen viel milder schmecken, als man vielleicht annimmt. Senfkörner reagieren erst zerkleinert mit Flüssigkeit. Durch das Zermörsern oder Verreiben der Körner und der Beigabe von Wasser bildet sich das scharf schmeckende Senföl. Weiße Senfkörner sind am mildesten, braune schon etwas schärfer und am schärfsten schmecken die schwarzen Körner.

Lagerung: Senf ist nahezu unbegrenzt haltbar. Warme Temperaturen mag er aber nicht sehr, außerdem verliert er nach Öffnen der Dose oder Tube schön langsam an Aroma. Am besten hält er in Gläsern oder Steinguttöpfen, die man möglichst luftdicht verschließt. Bei der Lagerung bildet sich oft Wasser, das man vor der Verwendung wegleeren sollte.

Spargel (Asparagus officinalis)

Man unterscheidet weißen, grünen und violetten Spargel. Die Farbe des Spargels hängt davon ab, wie viel Licht die Pflanze abbekommt. Ganz weißer Spargel wird direkt aus der Erde gestochen. Erblickt der Kopf bereits das Licht der Welt, verfärbt er sich bläulich-violett. Lässt man ihn weiter herauswachsen, wird er grün. Letzterer schmeckt gemüsiger und eignet sich besonders gut für Beilagen oder kleine Vorspeisen.

Spargel gehört nicht in die Hände von Sparsamen. Er muss großzügig mit einem speziellen Spargelschäler geputzt werden. Diese Geräte verfügen im Unterschied zu herkömmlichen Sparschälern über eine abnehmbare Klinge, die man auch wieder nachschärfen kann. Weißen Spargel immer vom Kopf weg schälen. Bei grünem Spargel reicht es meistens, wenn man den unteren Teil entfernt. Wie viel man vom unteren Ende abschneidet, hängt von der Frische des Spargels ab. In jedem Fall müssen alle harten und holzigen Teile entfernt werden.

Spargel wird in reichlich Salzwasser mit etwas Zucker gekocht. Wenn Sie ein großes Stück Butter zugeben, verhindern Sie das Austrocknen des Spargels. Die edlen Stangen sind so mit einem ganz zarten, wohlschmeckenden Fettfilm überzogen. Ideal ist natürlich ein spezieller Spargeltopf mit seinem praktischen, herausnehmbaren Einsatz. Andernfalls kann man den Spargel auch mit Küchengarn bündeln. Beim Einlegen muss das Wasser wallen, danach sollte der Sud nur zart köcheln. Die Kochzeit hängt von der Größe ab. 8 und 16 Minuten gelten als Richtzeit. Der Spargel darf nicht völlig durchgekocht sein, muss im Idealfall ein wenig kernig sein. Das oft empfohlene Mitkochen einer alten Semmel ist nur in hoffnungslosen Fällen notwendig, wo der Spargel extrem bitter ist.

Nach dem Garen Spargel auf einem großen Sieb oder Gitter abtropfen lassen, weil er sonst die begleitende Sauce verwässert. Man kann den Spargel auch auf ein sauberes Geschirrtuch legen, wodurch aber fast zu viel Flüssigkeit abgesaugt wird. Sollte der Spargel gar sein, ehe die Sauce fertig ist, packen Sie ihn am besten in Klarsichtfolie ein. Durch den Dampf bleiben die edlen Spitzen länger warm.

TIPP: *Ob die edlen Stangen frisch sind, erkennen Sie an der Schnittfläche: Sie darf nicht vertrocknet oder verfärbt sein. Im Idealfall kommt auf festen Fingerdruck noch etwas Flüssigkeit heraus.*
Lagerung: Spargel immer in feuchten Tüchern kühl lagern.

Spinat (Spinacea oleracea)

Spinat wir zumeist als Kochgemüse verwendet, aber vor allem junge Blätter eignen sich auch für den rohen Verzehr und damit auch für gemischte Blattsalate.

TIPP: *Spinat immer bald nach der Zubereitung verzehrt werden und nicht mehr aufgewärmt werden, weil sich sonst das im Spinat enthaltene Nitrat in das gesundheitsgefährdende Nitrit umwandeln kann.*
Lagerung: Spinat eignet sich so gut wie kaum ein anderes Gemüse zum Tiefkühlen. Das tiefgrüne Gemüse verliert dabei überhaupt nicht an Qualität. Und Hand aufs Herz: Je nach Rezept erspart man sich mit dem fertig passierten Spinat oder dem bereits blanchierten Blattspinat tatsächlich enorm viel Zeit in der Küche.

Tamarinde, Indische Dattel (Tamarindus indica)

Die Tamarinde ist in den südostasiatischen Küchen ein beliebtes Säuerungsmittel. Geschält werden die unreifen Schoten etwa als würzende Zutat in Currys und Suppen mitgekocht. Aus dem eingeweichten Mark gewinnt man das saure und duftende „Tamarindenwasser".

Tomaten, Paradeiser (Lycopersicon esculentum)

Als Ursprungsländer der Tomate gelten Peru und Ecuador. Im 16. Jahrhundert breitete sich die Pflanze in der ganzen Welt aus – nur nach Europa gelangte sie erst 200 Jahre später. Es gibt unzählige Sorten, die sich in Form und Farbe unterscheiden.
Im Sommer, wenn die heimischen Tomaten wirklich sonnengereift sind, unbedingt frische Ware verwenden. Ansonsten tun es für Saucen auch die in Dosen eingelegten Pomodori-Pelati. Sie sind besser als Treibhausware. Besonders aromatisch sind geschälte Tomaten der Sorte Marzano, die über ein herrliches Fruchtaroma verfügen. Der Fachausdruck für die universell einsetzbaren Tomatenwürfel ist Concassé, was so viel wie zerkleinert oder grob zerhackt bedeutet.

TIPP: *Sie können Tomatenconcassé selbst herstellen: Schneiden Sie dafür die Haut der Tomaten an der Unterseite kreuzweise ein und legen Sie diese für etwa 10 Sekunden in kochendes Wasser. Dann sofort mit eiskaltem Wasser abschrecken, die Haut lässt sich dann spielend leicht abziehen.*

Tomatenconcassé kann, in etwas Butter geschmort, eine Sauce für sich sein. Durch den Einsatz von verschiedenen Kräutern wie Estragon, Salbei oder Basilikum lassen sich sehr individuelle Geschmacksnoten erzielen.
Lagerung: Tomaten nicht im Kühlschrank lagern, weil sie sonst dramatisch an Geschmack verlieren.

Topinambur (Helianthus tuberosus)

Das zeitweilig in Vergessenheit geratene Gemüse stammt aus Nordamerika und wurde von Seefahrern im 17. Jahrhundert nach Frankreich gebracht. Der Name stammt von dem indianischen Stamm „Topinambus".

Vanillezucker

Wer aromareichen Vanillezucker will, kann diesen einfach selbst herstellen. Oft bleibt ja nach der Herstellung einer Creme eine aufgeschlitzte, ausgekratzte Vanilleschote über. Lassen Sie diese gut austrocknen und pürieren Sie die Schote mit etwas Zucker im Mixer.

Wacholder (Juniperus communis)

Wird fast immer ganz oder zart angedrückt verwendet. Frische oder frisch getrocknete und zerdrückte Beeren schmecken ganz besonders intensiv und sollten entsprechend vorsichtig dosiert werden. Schon nach einigen Monaten der Trocknung wird das Aroma spürbar milder. Länger gelagerte Wacholderbeeren kann man also durchaus großzügiger dosieren.

Weißkraut (Brassica oleracea convar. capitata var. Alba)

Für Eintöpfe wie Krautfleisch oder auch Krautfleckerln und Krautstrudel darf das Kraut ruhig etwas intensiver schmecken.

TIPP: *Intensiveren Geschmack erzielt man, indem man beim Anbraten des Krauts im Fett eine Prise Zucker mitrösten lässt.*

Wirsing (Brassica oleracea convar. capitata var. sabauda L.)

Grundsätzlich unterscheidet man zwischen Sommer- und Winterwirsing. Im Sommer sind die Blätter wesentlich zarter als im Winter. Die Farbe ist vom Erntezeitpunkt abhängig und nicht unbedingt ein Qualitätsmerkmal. Spät geerntete Köpfe besitzen ein ausgeprägt dunkles Grün. Früh geernteter Wirsing ist hell- bzw. gelblichgrün.

TIPP: *Der zarte Wirsing ist sozusagen der „Gourmetkohl" und sollte daher recht schonend behandelt werden. Selbstverständlich kann man Wirsing auch wie ganz normalen Kohl zubereiten. Es wäre aber schade, wenn man ihn „totkocht". Etwa 10 Minuten Garzeit reichen völlig.*

Zitronengras (Cymbopogon citratus)

Der zitronenartige Geschmack des Grases stammt von dem in Zellen der Pflanze enthaltenen ätherischen Öl. Die richtige Dosierung von Zitronengras ist Erfahrungssache. Man kann ganze Halme mitgaren oder auch die Halme klein hacken. Dann schmeckt das Zitronengras natürlich wesentlich intensiver, weil die Ölzellen aufbrechen und das Aroma frei wird. Wenn man Zitronengras klein schneidet, sollte man dafür nur den weißen, kaum fasrigen Halmabschnitt verwenden. Zitronengras bekommt man frisch, getrocknet oder gemahlen im Asia-Shop.

TIPP: *Man kann Zitronengrashalme auch statt Holzspießen zum Braten von Fleisch und Fisch verwenden.*
Lagerung: Im Gemüsefach des Kühlschranks hält frisches Zitronengras etwa eine Woche. Getrocknete Zitronengrashalme sollte man vor der Verwendung etwa eine halbe Stunde in warmes Wasser einweichen.

Zucchini (Cucurbita pepo ssp. pepo convar)

Botanisch gesehen stammen Zucchini vom so genannten Riesenkürbis (Cucurbita maxima) ab. Der Name geht auf die Verkleinerungsform des italienischen „Zucca" (Kürbis) zurück. Zucchini sind reich an Mineralstoffen.
Die Größe ist bei Zucchini ein negatives Qualitätskriterium. Am besten schmecken kleine Exemplare, die maximal so groß sind wie eine Banane. Große Zucchini schmecken meist fasrig und langweilig. Sie eignen sich in kulinarischer Hinsicht am ehesten zum Füllen.
Der Stiel von frischen Früchten muss fest und leuchtend grün, der Anschnitt glatt und weiß sein. Die Frucht selbst muss fest und fleckenfrei

sein. Besonders begehrt sind in der Zucchinisaison (in Österreich von Mai bis September) die orangegelben Blüten, die man entweder frittieren oder füllen kann.

Lagerung: Nicht zu kalt im Kühlschrank lagern. Zucchini werden sonst sehr schnell weich und schlaff.

Zwiebel (Allium cepa var. cepa)

Die Vielfalt der Zwiebelarten ist groß: Gemüsezwiebeln schmecken eher mild. Mitunter sind sie auch sehr groß und eignen sich dann gut zum Füllen. Fast genauso sehen auch die klassischen Haushaltszwiebeln aus, die allerdings etwas schärfer sind. Sie sind universell einsetzbar und ein unverzichtbarer Bestandteil von Gulasch und Ragouts. Weiße Zwiebeln schmecken ganz besonders mild und haben manchmal sogar ein fast süßes Aroma. Ideal für Chutneys, aber auch zum Rohessen in Salaten.
Rote Zwiebeln sind natürlich der Klassiker für den Erdäpfelsalat. Nicht nur wegen der dekorativen Färbung, sondern auch wegen des mild-würzigen Geschmacks. Schalotten besitzen wie Knoblauch mehrere kleine, oft kantige Zehen, die stets separat umhüllt sind. Schalotten schmecken besonders aromatisch und werden nicht zuletzt deshalb in der feinen Küche verwendet. Frühlingszwiebeln gibt es mittlerweile das ganze Jahr. Wenn sie frisch sind, kann man für einige Gerichte nicht nur die weiße Zwiebel verwenden, sondern auch einen Teil der grünen Stange. Frühlingszwiebeln sind die einzige Zwiebelart, die man im Kühlschrank lagern sollte. Perlzwiebeln besitzen eine fast silbrige Schale. Die kleinen Zwiebeln schmecken sehr mild, sind relativ teuer und werden in erster Linie zum Einlegen in Marinaden verwendet.
Das Zwiebelschälen geht leichter, wenn Sie die Zwiebeln kurz in lauwarmes Wasser legen. Der Trick funktioniert auch mit Knoblauch.
Das Zwiebelschneiden geht auch (fast) ohne Tränen: Brett und Messer vorher unter fließendes, kaltes Wasser halten. Zwiebeln niemals im Mixer oder Zerhacker zerkleinern. Sie werden dadurch schnell unangenehm bitter.

TIPP: *Zwiebelringe: Das Geheimnis von knusprigen Zwiebelringen: Niemals salzen, sonst lassen sie Wasser. Bestauben Sie die Ringe mit Mehl und Paprikapulver, dadurch erreicht man zusätzliche Knusprigkeit. Achtung: Geröstete Zwiebeln bräunen oft nach!*
Lagerung: Zwiebeln möglichst dunkel und trocken lagern. Nicht in einem Plastiksackerl, sonst werden sie feucht und schimmelig. Ungeschälte Zwiebeln, die reifen, sofort wegwerfen: Sie faulen und stecken sehr schnell die anderen Zwiebeln an.

Biografien

Toni Mörwald, geboren 1967 in Feuersbrunn, lebt ebendort. Haubenkoch und Unternehmer. Berufserfahrung inner- und außerhalb Österreichs, führt mehrere Restaurants und einen Cateringbetrieb. Ausgezeichnet u.a. als jüngster Haubenkoch Österreichs (1990). Mehrere Veröffentlichungen zuletzt bei Löwenzahn gemeinsam mit Christoph Wagner und Jörg Wörther „Austro Pasta" (2010) sowie mit Renate Wagner-Wittula und Jörg Wörther „Austro Grill" (2011).

Herbert Hacker, geboren 1957 in Baden, ist langjähriger Magazinjournalist. Als Gourmetkritiker verfasst er seit Jahren eine wöchentliche Restaurantkritik im „Format" und schreibt regelmäßig für „News", „Falstaff-Magazin" und für das Hamburger Wochenblatt „Die Zeit". Er ist Chefredakteur des „Falstaff Restaurantguide" und Buchautor. Unter anderem erschienen: „Das neue Piemont" (2006), „Koch-Lust" (2009) und „Süße Fische" (2010, zusammen mit Toni Mörwald und David Ruehm).

Manfred Klimek, Jahrgang 1962, lebt als Fotograf und Autor in Berlin. Er ist freier Kolumnist der Wochenzeitung „Die Zeit" und Mitarbeiter bei mehreren renommierten Magazinen im deutschsprachigen Raum. Er ist kein klassischer „Food-Fotograf" und fotografiert Essen mit der Leidenschaft des Genießers. Klimek will das Essen am Foto „riechen", die Gerichte kommen aus der Küche und werden sofort nach Fertigstellung in warmen und unbehandeltem Zustand fotografiert.

Toni Mörwald dankt seinem gesamten Team, besonders Roland Huber und Patrick Fürst.

Roland Huber. Chef de Cuisine Relais & Chateaux Mörwald Kloster und Bocuse d'Or Candidat 2010 Autrichienne.

Patrick Fürst. Chef de Cuisine Zur Traube in Feuersbrunn am Wagram.

Glossar

blanchieren	kurz in kochendem Wasser garen
Consommé	klare Suppe
Crème fraîche	Schmand
Eidotter	Eigelb
Eierschwammerl	Pfifferlinge
Eiklar	Eiweiß
Erdapfel	Kartoffel
Fisole	grüne Bohne
flämmen	rasch bei Oberhitze überbacken
Fleur de Sel	sehr gutes Meersalz
geklärte Butter	Butterschmalz
glasig garen	nicht ganz durch, sondern saftig garen
karamellisieren	Zucker so stark erhitzen, dass er eine goldgelbe Farbe erhält, dabei entsteht der typische Karamellgeschmack
Karfiol	Blumenkohl
Karotten	Möhren
Kohlsprossen	Rosenkohl
konfieren	bei Niedrigtemperatur (70–74 °C) in Fett oder Öl garziehen lassen
Kren	Meerrettich
Kukuruz	Mais
Liebstöckel	Maggikraut
Marille	Aprikose
mehlieren	Wenden in Mehl
Melanzani	Aubergine(n)
montieren	eine Suppe oder Sauce meist mit Butter mit Hilfe eines Schneebesens oder Pürierstabs aufschlagen
Obers	süße Sahne
pacossieren	Gefrorenes mittels einer Pacojet-Eismaschine hacken
Paradeiser	Tomate(n)
parieren	Fleisch von nicht essbaren Teilen befreien
passieren	Suppen oder Saucen durch ein Haarsieb oder Passiertuch streichen, um feste Bestandteile zu entfernen
pochieren	sanft, nicht kochend in Flüssigkeit oder im Wasserbad garen
reduzieren	eine Flüssigkeit so lange kochen lassen, bis sie die gewünschte Dichtigkeit erreicht
Rote Rübe	Rote Bete
Sauerrahm	saure Sahne
scharf anbraten	sehr heiß kurz von allen Seiten anbraten, dann Hitze reduzieren

Schlagobers	süße Sahne
Schwarzbeeren	Heidelbeeren
schwarze Nüsse	kandierte Walnüsse
Semmel	Brötchen
Semmelbrösel	Paniermehl
Staubzucker	Puderzucker
Topfen	Quark
Topinambur	Erdbirne
Vogerlsalat	Acker- bzw. Feldsalat
Weißkraut	Weißkohl
zur Rose aufschlagen	einen Kochlöffel in die aufgeschlagene Masse tauchen, auf die anhaftende Sauce blasen, die Masse ist fertig, wenn durch das Blasen ein Muster ähnlich einer Rose entsteht

Abkürzungen

kg	Kilogramm
g	Gramm
EL	Esslöffel, Suppenlöffel
TL/KL	Teelöffel, Kaffeelöffel
Msp.	Messerspitze
Pkg.	Packung
l	Liter
cl	Centiliter
ml	Milliliter
Stk.	Stück

Mengenangaben

Alle Rezepte sind für 4 Personen gedacht.

Alphabetisches Rezeptregister